# 面向**未来**的育儿策略

陈苗苗／文

**SPM** 南方传媒

全国优秀出版社
全国百佳图书出版单位　广东教育出版社

·广 州·

○
作者简介／ **陈苗苗**

- 北京师范大学儿童文学博士，教育学博士后；中国人民大学传播学博士后。
- 首都师范大学青年教育艺术研究所国内研究室主任，副教授。
- 北京妇联"首都女性学堂"特聘专家，中国儿童中心家长服务智库专家；文旅部"家风家教"项目主讲专家，中国家庭教育学会宣传教育专业委员会理事。
- 科技部"全国优秀科普作品奖"获奖者，"童书育儿法"创始人。
- 北京交通广播、北京城市广播多个知名栏目教育点评嘉宾。
- 编辑出版作品曾多次获"全国优秀儿童文学奖""中华优秀出版物奖"等多个国家级奖项。

# 目　录

# 第1章 如何培养孩子的专注力

经常有家长问我，孩子注意力不集中该怎么办？要不要参加专注力培训班？甚至还有一位家长托我给他上小学三年级的孩子找一个专门陪上课的心理学家教，不讲专业知识，就负责提升专注力。

翻开《找到孩子的光：未来孩子的10种关键教养》这本书，作为文化体育界家长代表的霍启刚、郭晶晶夫妇，还有作为商界家长代表的香港青年联会主席梁毓伟、张谊夫妇，都很关注孩子专注力养成问题。

专注力为什么这么受重视？原因之一就是注意力集中程度与儿童学习品质密切相关。1998年，联合国教科文组织将"注意力"列为引起全球儿童学习障碍的首要因素，提倡及早干预会获得显著改善。专注力既然如此重要，又可以后天干预，那我们怎么帮助孩子提升专注力呢？

介绍方法前，我们先来分享下影响专注力的因素里最重要的两方面：一是注意力能力缺失，比如缺失集中、持久、稳定、抗干扰性等；二是心理状态的不稳定，比如自信心不足、情绪困扰、缺乏耐心等。

结合专注力的影响因素，可以有针对性地从注意力能力方面去补足，以及从孩子心理状态方面去优化。换句话说，帮助孩子提升专注力要做好以下4件小事。

• 第 1 件事 •

# 定时定量学习

前段时间有新闻说，家长陪伴孩子写作业，因为孩子不专心、磨磨蹭蹭，导致自己都气出心梗了。其实，一直盯梢并不会提升孩子专注力，反而容易让他产生被监控的逆反感。

对此，可以采取定时定量学习法。

翻看本书，香港青年联会主席梁毓伟的太太张谊，就采取了这个方法。她分享说，相比强行要孩子心不在焉地在书桌前端坐不动，不如专心致志只花 1 个小时学习，让孩子学会如何保持专注。在她这个方法的引导下，儿子小小年纪就能安静阅读半小时以上，而且看书时连一字一画都去探究。

使用定时定量学习法，我们可以把孩子准备完成的小任务进行时间预估，假如估时是 10 分钟，那在这 10 分钟里，家长不需要盯梢，孩子全力以赴。使用这个方法的好处是，孩子对自己要完成的任务总量心中有计划，而不再是被逼迫一直坐在书桌前，心中没指望，因此磨洋工。

• 第 2 件事 •

# 让孩子体会到专心很划算

这件事其实是接着第一件事来的，当孩子专注了，学习效率提升了，定时定量完成了预估任务。接下来我们可以给孩子一个奖励，比如自由玩耍时间奖励。让孩子体会到，当他专心致志做完一件事，节省出来的时间是可以自由支配的，这样孩子就会觉得专心是一件很划算的事情。

❤ **第 3 件事** ❤

## 陪孩子游戏、阅读、运动时，不玩手机

陪孩子时玩手机，还会影响孩子专注力吗？是不是太小题大做？看完下面这个研究数据，你以后再陪孩子时可能就会说："手机是谁啊？我不认识它！"

这个研究是美国印第安纳大学学者开展的，他们请一些年龄在1岁左右的孩子及其父母参与试验，发现孩子陪伴者的行为与孩子注意力持久性之间存在一定关系。如果家长不拿手机，选择和孩子同时注视一个对象的时间都超过3.6秒，那家长的目光移开，孩子的视线平均会多停留2.3秒。与经常转移视线家长的孩子相比，那些更专注与孩子互动的家长，所带孩子的注意力额外持续时间，约是前者的4倍。所以，孩子专注力如何、对事物的聚焦程度，真的与我们亲子陪伴的方式有关。

❤ **第 4 件事** ❤

## 加强感统训练，通过运动提升孩子专注力

通过运动来提升孩子专注力，也是霍启刚、郭晶晶夫妇育儿过程中常做的事。比如霍启刚说，他一有机会就带孩子观看不同的运动比赛，特别是击剑和香港国际七人橄榄球赛等。他观察到，击剑不仅能教会儿子懂得输赢，还可以训练儿子的专注力。

体育训练为什么会和专注力养成密切相关呢？

增加孩子的户外运动时间，可以激活前庭系统，提高他们的身体协调性，更有助于改善他们注意力不集中、好动不安、精神萎靡等问题。所以，多带孩子跳绳、爬山、打篮球、踢足球等，加强感统训练，有助于提升孩子的专注力。

　　以上分享了四件能培养孩子专注力的小事，这些事可以齐头并进。相信只要我们对孩子的专注力进行科学的、刻意的培养，他们一定能享受到那种心无旁骛的幸福感，而一旦这种全情投入、酣畅淋漓的感觉常驻他们心中，他们未来无论面对什么样的学习、什么样的工作场景，都会情不自禁地追逐这种感觉，成为一个做事忘我、沉得下心来的人。

# 第2章 如何培养孩子的阅读习惯

本书中，作为商界家长代表的香港青年联会主席梁毓伟和他太太张谊，特别重视孩子阅读习惯的养成，他们将其视为孩子的软实力。确实，对孩子来说，阅读的意义绝不仅仅是提升语文考试成绩。更深层的价值是，阅读能帮助孩子认知更广阔的世界、更有趣的灵魂。拥有良好阅读习惯的孩子，是一个真正被家庭富养的孩子。

但是，家庭教育如何能把孩子阅读习惯培养起来呢？这里结合阅读研究的相关成果，帮大家总结8个妙招。

· 妙招1 ·

## 结合孩子阅读兴趣做阅读启蒙

经常有家长咨询，孩子不爱阅读怎么办？其实没有不爱阅读的孩子，只是我们忽略了他们的阅读兴趣，才造成他在起步阶段对阅读形成了苦大仇深的误解。

香港青年联会主席梁毓伟的太太张谊分享了她给儿子做阅读启蒙的经验，她发现儿子自懂事以来就钟情各种汽车，对轮胎、车型都特别感兴趣，于是他们就投其所好地跟孩子一起阅读汽车杂志。在孩子阅读启蒙阶段，如果我们非要强迫孩子去读我们觉得有意思的书，容易伤害孩子的阅读热情，不如先从其兴趣出发，再慢慢做引导。

### ♥ 妙招 2 ♥

# 把家打造成图书馆

经常有家长说：孩子就爱看手机不爱看书。那很可能是因为我们给孩子打造了一个沉不下心去阅读的家庭氛围。试想，我们为什么去图书馆就情不自禁翻阅呢？因为环境在熏陶我们。所以，为了让孩子沉浸在书海，我们可以先把家变成"书海"。

### ♥ 妙招 3 ♥

# 经常带孩子去书店

每逢节假日，我们总会操心要带孩子去哪里玩。如果你选择的是书店，千万别担心自己很另类，因为你到那里会发现很多同道中人。这些家长也发现了培养孩子爱阅读的秘诀——让孩子成为书店的常客，从小就爱把钱花在买书上。

### ♥ 妙招 4 ♥

# 选择符合孩子兴趣口味的书作为礼物

孩子们最喜欢收到礼物，如果我们每个月都充满仪式感地送孩子一套符合其兴趣口味的书，他们不仅会成为品书的内行，和我们的亲子关系也会变得更亲密。

**· 妙招 5 ·**

## 每天和孩子一起坚持阅读

有这样一首诗在家长中传播甚广："你或许拥有无数的财富，一箱箱的珠宝与一柜柜的黄金。但你永远不会比我富有——我有一位读书给我听的妈妈。"不过，面对这首诗，光瞬间感动还不够，要身体力行。我就遇到过这样一位身体力行的妈妈，她每天晚上坚持跟孩子共读半小时，一年下来居然看完了50多本书。

**· 妙招 6 ·**

## 读不进去名著，可以适当借助纪录片或者电影做导入

有些名著内容和孩子们的生活距离比较远，孩子读起来难有代入感。我们可以寻找跟名著相关的纪录片或电影，与孩子共同鉴赏，然后再以此为导入，让孩子带着好奇心和探索欲去阅读原著。

**· 妙招 7 ·**

## 经常和孩子讨论自己喜欢的书籍和人物

有家长咨询，"我希望孩子深度阅读，但一问孩子：'你看明白这本书了吗？里面讲了什么？'孩子就觉得没什么可说的，甚至还会逃避再看这本书。"希望孩子深度阅读的初心很好，但技巧上我们可以变居高临下的盘问为抛砖引玉的讨论，比如先表明我们的看法，再请孩子批评指正我们的观点。这样既尊重了孩子，也引出了他们的真知灼见。

# 重视孩子自主阅读能力的养成

亲子阅读很受重视，这也引发了另外一个问题，有家长比较烦恼，什么时候引导孩子自主阅读比较合适？针对这个问题，本书中香港青年联会主席梁毓伟的太太张谊，分享了自己很小就因具备自主阅读能力而受益的经历。她借助"授人以鱼不如授人以渔"这句话，说明教会孩子自主阅读，使其能借助阅读来认知世界多么重要。在张谊看来，自主阅读能带给孩子吸收知识的能力，这个视角也启发我们不要把阅读局限在语文的框架里，要把它作为孩子的核心素养来培养。

以上跟大家分享了培养孩子阅读习惯的8个妙招。孩子的成长离不开思辨与表达，而思辨与表达都受益于阅读。无论我们想培养横跨哪些领域的人才，都需要阅读这个地基来夯实人生。作为父母光给孩子买书还不够，重要的是能想方设法让孩子爱上阅读、会阅读，最终成为可以利用阅读来终身学习的人。

# 第3章 如何帮助孩子合理使用电子产品

一位爸爸因为孩子手机不离手向我求助。他说，孩子第二天就期末考试了，却还拿着手机低头打游戏，怎么劝都不放下，上去抢就引爆家庭大战。

针对合理使用电子产品，霍启刚、郭晶晶夫妇也花了大量精力去琢磨解决之道，有着3个孩子的他们，同样面临着线上教学、电子产品和孩子发展之间的冲突。在数字时代，单纯阻止绝不现实，但管理不好，他也担心会影响孩子学习质量，造成孩子专注力不足。到底该如何帮助孩子合理使用电子产品呢？

分享方法前，我们来分析下越让孩子放下手机，他越不听的原因。其实，这可以用心理学的"白熊效应"来解答。实验中，参与者被要求不要想象一只白色的熊，结果大家脑海中反倒很快浮现出白熊的样子。"白熊效应"启示我们，当孩子拿起手机，我们越说"别玩了"，孩子的思维越强烈反弹，大脑中出现更多手机画面。那如果不这样说的话，又有什么更适宜的电子产品管理策略呢？

• 策略1 •

## 和孩子一起筛选电子产品软件，多利用优质软件学习、思考

这个策略也是霍启刚在书中特别分享的独家经验。他说："父母要先了解、认识不同的线上平台，了解适合孩子的类型。"

启刚有这番心得，也是基于当下的智能时代背景，儿童不可能和手机绝缘。反之，他越是善于借助手机来学习思考，越能站到智能时代的风口上来。所以我们要做的是，平时多研究分析哪些软件有助于孩子学习、思辨，试用之后巧妙地把它们推荐给孩子。

引导孩子把电子产品作为学习、思考的工具。当孩子一旦习惯于使用优质软件来学习，他们对低质软件的排斥心理就会增强，媒介素养就这样慢慢养成。

● 策略 2 ●

## 关注孩子浏览的信息，做好孩子的媒介把关人

孩子跟我们借手机上网，我们不能完全放任自流，可以观察他们上网的历史记录，由此了解他们对哪些事物更感兴趣。比如有的孩子喜欢刷短视频，越离奇越感兴趣，但这些离奇新闻中不乏造假新闻，针对的就是孩子的猎奇心，看多了对孩子成长有害。这时候，我们可以承担起"把关人"角色，以同伴身份跟孩子一起浏览这类新闻。观看过程中不要盲目否定孩子，而是有理有据地对其中一些新闻进行打假，让孩子感受到他其实被一些虚假信息欺骗了，自己的猎奇心理被利用了，从而提升孩子对短视频的是非判断力。

● 策略 3 ●

## 提前达成使用协议，跟孩子商定奖惩规则

手机引发的亲子冲突，常常和孩子不断拖延使用时间有关。一位妈妈跟我说，她告诉孩子只能看5分钟手机，但孩子玩起来没完没了，最后硬性

阻止闹得不欢而散。

为了让孩子能遵守使用时长规则，我们可以跟他们共同商议使用时间，并由他自己提出超时的惩罚措施和准时的奖励办法。一旦规则制定好，我们就不能让它形同虚设，要严格遵守，比如孩子准时把手机交还，我们一定要按约定奖励他们，这对他们来说是一个正强化，可以感知到遵守约定的好处。

❤ 策略 4 ❤

## 多培养孩子的兴趣爱好，多陪伴孩子运动、游戏和阅读

一些孩子之所以会无节制地使用手机，跟家长爱用手机哄他们玩有关。孩子需要陪伴，但如果我们用电子产品替我们陪他们，他们就会把玩电子产品当成自己的业余爱好。所以要扭转孩子过度使用电子产品的局面，家长有必要重新回到陪伴模式，高质量投入到跟孩子一起阅读、运动、游戏中，培养孩子新的兴趣爱好。

❤ 策略 5 ❤

## "桃李不言，下自成蹊"，家长的身教更有说服力

我们在家时，除非工作需要，否则在孩子面前尽量少刷手机短视频。如果我们抱着手机打发闲暇时光，孩子也会有样学样。

以上跟大家分享了合理使用电子产品的方法，尤其介绍了霍启刚、郭晶晶夫妇在这个问题上的育儿经验，期待大家可以借助这些方法把孩子培养成会利用电子产品去主动思考、学习的智能社会代表，从而提升孩子的信息素养。

# 第4章 如何帮孩子做好时间管理

本书中，有一对精英夫妇可谓是强强组合，他们是香港青年联会主席梁毓伟与从事金融市场行业的太太张谊。尤其是太太张谊，职业经历让她养成了典型的金融思维，而她又把这种思维中的"最大利润化"等理念用在了育儿时间管理以及孩子时间观念培养上。

这种让人耳目一新的观点与做法，恰好能回应当下很多家长犯愁的孩子爱磨蹭问题，尤其是有些家长甚至被孩子不知道珍惜时间气得快心梗、脑梗了，可见真的非常需要帮孩子做好时间管理法。

分享方法前，我们先来看看心理学怎么看待孩子爱磨蹭问题。研究发现，原因之一是孩子容易非功利化地沉浸在他喜欢的事情上，导致他不觉得自己玩游戏时间长，因为他的"心理时间"短；第二个原因是孩子对时间的监控能力比较弱，比如说不太会合理安排时间。

结合这些原因，我们来分享下培养孩子时间管理能力的好方法。

▾ 方法 1 ▴

## 教会孩子给时间做预算，提高做事情的效率

事情多、效率高的人都有一个共同的优点，那就是会给时间做预算。本书中张谊专门分享了这个办法，她会每天专门留出1个小时的预算时间，专心致志地陪孩子做某件事，在这个时间预算中，把效果做到最好。而且

张谊也特别提到,虽然儿子还小,但她已经开始把这种时间管理思维传授给儿子。

张谊的方法核心就是给时间做预算,从而提高效率。比如孩子现在准备完成老师留的作业,我们可以请孩子自己估算做这件事需要花多长时间,如果孩子说"30分钟",接下来全家就进入安静模式,专心致志花掉这30分钟。给时间做预算,不仅能加强孩子对时间的感知能力,还能满足孩子做时间主人的愿望,培养他们做事高效的品质,一举多得。

• 方法 2 •

# 学会区分"需要的"和"想要的"

我们成年人管理时间,常使用"轻重缓急象限图"对事情加以排序。孩子管理时间,也面对一个排序问题,那就是"需要做的事情"和"想要做的事情"谁前谁后。一位妈妈说,孩子放学回家先玩游戏,然后看动画片、鼓捣玩具,等要写作业时都快8点了。针对这种特点,排序法就特别有效,孩子可以把"写作业"填入"需要做的事情"栏里,把看动画片等填到"想要做的事情"栏里,然后把"需要做的事情"先做了,再做"想要做的事情",这样孩子的拖沓病、为作业熬夜的问题就都迎刃而解了。

我应该把"写作业"填到"需要做的事情"栏里,然后先完成它们。

| 需要做的事情 | 想要做的事情 |
| --- | --- |
|  |  |
|  |  |
|  |  |

• 方法 3 •

## 像切披萨一样把时间划分成块，让孩子对时间有更直观的认识

我们总觉得孩子不珍惜时间，不知道每一天都在飞逝，实际上孩子对时间如何飞逝的感知力很朦胧。增强孩子对时间的感知，可以跟他们一起把1天时间画成一个美味大披萨，标注几点到几点是学校上学时间，几点到几点是课后时间，课后时间再细分成几块，请孩子自己切分、涂色出来，这样孩子对每天的时间感知会更直观，把握起来更主动。

• 方法 4 •

## 由孩子来安排课后和周末时间

孩子爱说"等一会"，是因为他做自己喜欢的事情时总觉得时间短，对我们催他干的事情则没动力，觉得会占用很长时间，其实这个时间是孩子心理的时间。所以，我们想激发孩子的"快"，得尊重他们的心理感受。比如课后间、周末时间怎么安排，先请他来做主，让他用心理时间来做一个大致计划，一旦他们把所谓不爱干的事情列入计划表内，他们再去做的时候就有心理准备了，心理阻力也会小很多。

以上分享了帮孩子做好时间管理的方法，期待大家可以实践起来，从此不再无效地催孩子"快点"，而是和孩子一起研究时间的特点。本书中香港青年联会主席梁毓伟的太太张谊的做法很值得借鉴，这位职场妈妈用金融思维做时间管理的方法，不仅能帮我们的孩子成为高效率之星，还能帮我们成为兼顾职场和家庭的高效家长。

# 第5章

# 如何让孩子学会管理情绪

我曾经收到一位妈妈的微信，她说女儿上三年级了，平时一点小事就发脾气，哄不好、劝不好，最后把她气得也情绪失控。父母关注孩子的情绪管理问题，其实是非常有远见的育儿理念。

在本书中，作为体育界著名"跳水皇后"的郭晶晶也特别重视这个问题，她还深思了家长的自我情绪管理问题。此外，作为香港医护界家长代表的任俊彦夫妇，更是在本书中详尽地分享了他们在孩子情绪管理方面的独特方法。

大家为什么如此看重孩子的情绪管理能力呢？

心理学研究表明，情绪管理能力能正向预测孩子未来的学业成绩、人际关系、健康、成就，等等。那如何帮助孩子成为情绪管理小能手呢？

掌握方法前，先了解下孩子爱发脾气、成为"情绪小怪兽"的原因。从脑科学角度看，是因为孩子大脑发育不均衡，负责情绪的大脑要比管理智的大脑发育快得多，所以当孩子情绪上来时，他的理智脑管不住情绪脑，就容易发怒了。

了解了孩子并不是故意要成为"情绪小怪兽"，我们就很有必要结合孩子的情绪脑发展特点，把它视作引导孩子理智脑发展成熟的机会，从而引导孩子做好自己的情绪管理。

我们可以把这个过程分为5步走。

**· 第1步 ·**

## 引导孩子能够用理性语言表达自己的情绪

本书中，香港医护界家长代表任俊彦的太太纪彩霞曾是精神科护士，所以她格外关注孩子的情绪引导。孩子发脾气时，情绪脑不受控制，会用一些肢体动作表达自己的情绪，比如噘嘴、摔东西、躺床上生闷气。用动作表达负面情绪，不仅伤害身体，也不利于实现自己的诉求。所以，我们要引导孩子学会用理性语言表达情绪，比如"我很生气""我特别愤怒""我已经怒发冲冠"了，借助这种语言表达方式，替代情绪化的肢体表达。

**· 第2步 ·**

## 教孩子一些快速有效的情绪调节方法

当孩子处在负面情绪中时，他会感觉很不舒服，比如头疼、胸口闷，这会更加重其负面感受，使他在情绪海洋里泛滥。但如果孩子能够掌握从负面情绪中快速走出来的方法，他们的成长就会很快。

这里跟大家简单分享3个办法。

**办法❶　练习按暂停键，或者在家里搭建一个冷静空间**

教孩子练习按暂停键，即发脾气、闹一下之后就提醒自己——我先闹到这里，我要收场了，要不然一会可能后果会很糟糕，我自己也不舒服。如果孩子能在心里跟自己说这些话，无形中他就具备了自我调节情绪的能力。

此外，可以在家里搭建一个冷静空间，地点由孩子自选，里面的布置也由孩子自我创意，只要有助于他生气时待在其中冷静下来就好。当孩子再遇到控制不住情绪的时候，就可以建议他去自己搭建的冷静空间里待一会。

### 办法❷　12 秒之内，理智脑快来！

情绪管理专家曾分享过一项研究，那就是12秒定律，即充满破坏力的愤怒情绪在前几秒是关键期。如果控制住这12秒，情绪火山可能选择不爆发了。那如何让理智脑控制好这12秒呢？可以在心中默默数数，从1数到10，但如果想让理性回归大脑，可以再烧脑一点，比如按照一定规律数数，1、3、5、7、9……，甚至来点加减运算也行，目的就是让理性操纵这12秒，等到12秒过去，那团即将爆发的怒火已经转移到不知何方了。

### 办法❸　呼吸法

像吐"火龙气"一样，使劲地把胸口的怒气、肚子里的怒气吐出来，而且是连着吐！做这些动作时，还可以脑补自己是在做一锅生气汤，等"火龙气"吐完，生气汤就做好了，也是蛮有成就感的！

· 第 3 步 ·

## 提前达成使用协议，跟孩子商定奖惩规则

在孩子情绪平稳的时候，我们请他反思之前哭闹的经历是否有助于帮他实现诉求，还是会让事情变得更糟。发脾气之后的反思很重要，这是让

理智脑成熟的大好机会。如果孩子刚刚在情绪泛滥中尝到了苦果，现在正好重建认知——发脾气不仅没用，还会带来更糟的结果。

### • 第 4 步 •

## 教孩子学会与人协商、宽以待人

孩子之所以会发脾气，很多时候是因为他们的诉求没有得到满足。我们可以教孩子学会与人协商，商讨自己的诉求是否合适、是否能实现或者部分实现。同时也引导他能换位思考，宽容地对待身边的人和事。如果他能做到这两点，发脾气的机会自然就更少了。

### • 第 5 步 •

## 调节期望值，减少唠叨，避免频繁激怒孩子

引导孩子管理情绪，父母首先要把自己的情绪管理好。这方面，著名"跳水皇后"郭晶晶分享了她的心得。她提到，自己以前不爱说话，更别说唠叨了，但有了孩子后，面对孩子学习不认真的时候，就会担心、会烦躁。这引发了晶晶的自我反思，后来再辅导孩子功课时，她把自己调节成"蹲下来"模式，与孩子同频共振，不耐烦情绪、焦躁情绪果然消失了，亲子关系也随之更融洽。

所以，帮孩子管理情绪，父母和孩子双方都得成长。一个称得上情绪管理高手的孩子背后，一定有一个有涵养、懂得尊重人的情绪管理教练。

　　以上跟大家分享了帮孩子管理情绪的步骤，很多都有心理学依据，这也印证了智慧的家庭教育离不开科学指引。当我们用科学的方法跟孩子沟通情绪管理问题，而不是一味地哄、劝或者以暴制暴，他们未来的情绪管理技能和社会技能一定会比我们更强，而我们也在教学相长的过程中，完成自我迭代，正所谓"遇见孩子，遇见更好"的自己。

# 第6章 如何培养孩子的创造力

在本书中，出场的家长代表涵盖文化体育界、商界、医护界、法律界、演艺界，但他们在分享育儿理念时，英雄所见略同地都提到了一个词——创造力。

为什么创造力这么受重视？这和近年来人工智能对人类的挑战关系密切。

近年来，人工智能的发展加重了家长对孩子未来的担忧，尤其在给孩子大学报专业时，家长们更显得辗转反侧，担心报了容易被人工智能取代的专业进而导致孩子没毕业就失业。其实，与其说人工智能挑战了某些专业，不如说人工智能挑战了那些性质简单、重复性强的工作，因为这种低层次脑力劳动对人工智能来说，它完成得可能比人类更好。那么，人类具有什么优势、孩子在工作中展现什么样的特质，人工智能才难以取代呢？这个答案是创造力。

那什么是创造力呢？创造力是我们人类特有的综合性本领，特指能产生新思想，发现和创造新事物的能力。心理学领域的专家们早就对教育目标和学习能力做了6个层级的划分，分别是记忆、理解、应用、分析、评估、创造。创造力被视为最顶层的能力。

既然人工智能的时代，拥有创造力会让我们的孩子具有不可被替代的优势，那我们如何培养孩子的创造力呢？我们为此需要支持孩子做哪些事情呢？

## 支持孩子多接触外部世界，重过程、不重结果，激发孩子的好奇心

在霍启刚和晶晶的家里，他们的3个孩子可以尽情探索、勇敢尝试，这是启刚的育儿主张。确实，创造力的产生离不开生活，孩子的成长尤其需要生活做燃料。培养孩子的创造力，我们要多带孩子接触外部世界，比如观察大自然，参观博物馆、美术馆、科技馆。在接触外部世界的过程中，引导孩子去观察、去触摸、去体验、去提问，这不仅能激发他们的好奇心，还能让他们主动探索，主动思考。有主动性、有好奇心的孩子，创造力会更旺盛。

## 支持孩子多问"为什么"，认真对待孩子的"为什么"

孩子越见多识广，心中问题越多，当他们不停地追问我们"为什么"的时候，我们怎么回应呢？孩子的创造力培养往往就在我们的回应态度里。如果我们很厌烦，那孩子的主动发问意识就容易被拦腰砍断；如果我们很欢迎，不仅和他们一起探索答案，还反过来再问他们"为什么"，孩子对世界的探究心会更强烈，对问题的刨根问底意识会更鲜明，而他们的创造力和刨根问底意识也是密切相关的。

**·支持 3·**

## 支持孩子有自己的想法，控制自己说"不"的次数

和创造力相对的，是无条件地服从、听话。虽然听话的孩子似乎让我们的育儿之路更顺利，但树立这个标杆，也会损伤孩子的独立意识和创造力。所以我们要控制自己跟孩子说"不"的次数，不是原则的问题，那就支持孩子的想法，做他们的粉丝，做他们的学生，欣赏他们。

**·支持 4·**

## 支持孩子发会呆，做一些看似无聊、荒诞的事情

之前有记者采访我关于某高校给学生准备发呆区是否有必要的问题，这个问题同样适用于儿童。孩子创造力的酝酿和成长，需要闲暇时光，如果我们把孩子的课余时间都密密麻麻地排满，孩子就会成为学习机器，丧失自我，而创造力的一个重要前提就是个性化，有独特的"我"，才有不可取代的创造力。

**·支持 5·**

## 支持孩子多动手，做他们感兴趣的事，
## 让童心创意飞翔

如果孩子在家里搞破坏，翻箱倒柜、鼓鼓捣捣的，我们会支持他们吗？孩子的创造力在手指尖上。从婴儿期开始，孩子就通过触觉去感知这个世界，感知的过程也是创造力累积的过程，等年龄大了一点后，他们的小手更不安分了，我们出于安全和整洁卫生的角度，有时会阻止他们的行为。但从创造力养成的角度来看，小手就是他们的工具，他们越动手，越

锻炼创造力，哪怕盘一个创意手串，也是他们大脑和小手的创造力合作。所以，我们要支持孩子的手指运动。

霍启刚和郭晶晶夫妇就特别支持孩子创意涂鸦。他们认为，给孩子提供好画板、供孩子涂色、让孩子回家展示作品型的艺术教育，并不符合他们的育儿理念，不是他们期待的发展孩子创造力的方式。在他们看来，给孩子一支笔、一张白纸，随他们任意发挥，更能发展孩子的创造力。

以上跟大家分享了培养孩子创造力的方法，在人工智能可能会代替更多低层次劳动的时代，拥有创造力的孩子，更能站在时代风口上挥斥方遒，到那时，回想今时我们对他所做的各种有力支持，会了无遗憾。

# 第7章 怎么说孩子才愿意听

大家遇到过苦口婆心劝孩子，孩子却嫌唠叨，把我们气得肝颤的时候吗？

在本书中，郭晶晶在陪孩子学习、提醒孩子要认真的时候也会陷入沉思，她说自己以前不爱说话，现在也变啰唆起来了？很多时候，我们就算再多添几句啰唆，孩子也充耳不闻，这是为什么？又该怎么办呢？

心理学把这种现象解释为"超限效应"。这个效应指出，当我们一遍遍给孩子讲道理，超过他内心接受限度后，他会从最初的内疚、抱歉，变成不耐烦、逆反。

可如果不唠叨，孩子在一些坏习惯上越走越远，我们也不能视而不见，这怎么办呢？解决方案在我们的语言艺术上。心理学的"非暴力沟通"，把我们常批评孩子的"你怎么这么不长心"，或者"你太让我失望了"，以及"你看某某多好"这种沟通方式，界定为暴力沟通。那"非暴力沟通"是什么样的呢？

亲子沟通中我们借助"非暴力沟通"可以实施以下四步：第一步，观察、描述，而不是直接道德批判；第二步，说出你的感受，而不是你的指责；第三步，说出你为什么会有这样的感受；第四步，具体说出你想请孩子听你的建议做哪些事情。

"非暴力沟通"的四步如何实施呢？举例来说明——

· 第 1 步 ·

## 说出你观察到的事实，而不是你的愤怒和批判

比如你回到家，发现孩子正坐在沙发上低头玩手机，这时候你有点生气，因为孩子放学不先写作业，浪费大好时光。但如果你上来就说："你怎么还在玩手机？你有没有心？赶紧把手机放下！"孩子会因此心甘情愿放下吗？不会！因为我们开口就是批判他们，容易激怒他们。

根据非暴力沟通的策略，此刻，我们可以先说眼前观察到的事实，比如说："呀，你在看手机呀！"这时候，这句话里就不存在激怒孩子的"炸药"，而孩子也可以给我们一个解释，比如他今天作业已经在学校完成了，或者他就玩一会马上就不玩了。先描述事实，避免沟通一开始，就把孩子激怒了。

· 第 2 步 ·

## 说出你的感受，而不是指责孩子

接着，当我们说出"呀，你在看手机呀！"后，其实我们心里的感受可能是很不开心、很着急，甚至很焦虑。如果我们把这种感受，转化为对孩子的批评，指责他："你怎么还在看？你让我太失望了！"就很容易激怒孩子，就算他把手机放下，也没心思干别的。

此刻，我们先理智地表达我们的感受，比如，"哎呀，看到你玩手机，我有点焦虑，我有点担心"。我们描述自己的感受，这是为了让孩子了解我们此刻的感受，好迎来下一波理智的沟通。那下一步要说点什么呢？

## • 第3步 •
## 说出我们为什么会有这样的感受

当我们向孩子表达了很焦虑、很担心的感受后，向孩子坦诚有这些感受的原因，比如"我们担心你看太长时间会影响视力"，"我们担心你用很宝贵的时间玩手机会影响学习成绩"。这样表述，对比用"你"字开头气势汹汹指责，或者和其他同学横向作比较，更能让孩子心平气和地听进去。很多时候，孩子不愿意听我们的良言，是因为我们的话语总是在道德绑架、打击他们，这让他们感觉人格尊严受到了侵犯，注意力全放在维护尊严上，自然更把我们的良言当成耳边风了。

## • 第4步 •
## 说出我们的请求、建议

前面的步骤都是为了给我们和孩子之间的顺畅沟通做铺垫，让他们能理解我们为什么有这样的建议。

注意，为什么是请求呢？因为随着年龄地增长，孩子的自主意识越来越强，如果我们不尊重他们的人格，随意发号施令，孩子会情不自禁地拒绝。所以，要注意跟孩子说话的语气。我们越是礼貌有涵养，孩子接受起来越甘之如饴；反之，粗暴的态度会让他们如鲠在喉、难以下咽。

孩子是有尊严的独立个体，不是我们的附属品，如果我们以生他、养他、为他好的名义随意发号施令，进行道德批判，即便我们再有理，也会因为无"礼"在前，最终变成暴力沟通。所以，期待大家使用上述非暴力沟通步骤劝导孩子，先从改变我们自身的语言艺术开始。

# 第8章 如何激发孩子的学习内驱力

在本书中，霍启刚、郭晶晶夫妇俩谈到育儿理念时，成长于不同背景下的俩人不谋而合地说出了同一个想法，那就是让孩子"自行选择"。这个理念，恰好能回应很多父母所苦恼的孩子学习内驱力不足的问题。

一位妈妈说："孩子挺懂事的，但一提学习就没精打采。家长软硬兼施了，比如给奖励、给惩罚，但孩子就是纹丝不动。"

学习内驱力为什么和霍启刚、郭晶晶夫妇提到的"自行选择"有关呢？分享方法前，先来看心理学的研究发现。心理学家认为内驱力主要包含三部分：第一部分是"我有好奇心和求知欲"，第二部分是"我有成就动机，我有上进心"，第三部分是"我渴望被认可，我渴望获得赞许"。

那如何提升孩子的学习内驱力呢？

## · 方法 1 ·
## 向孩子展示丰富多彩的世界，激发求知欲和好奇心

学习内驱力的第一个组成部分是好奇心和求知欲，想推动这股力量，就得让孩子多感官接触大千世界。读万卷书、行万里路，多动手、多体验，让孩子从心底生长出蓬勃的求知欲，有了求知欲，孩子探究未知的脚

步挡都挡不住。

为保护孩子的求知欲，霍启刚、郭晶晶夫妇俩有一个强烈的共识，那就是让孩子自己决定。晶晶做运动员时习惯于接受安排，但这未必是最好的成长模式，她想给孩子足够的选择空间，让他们决定自己的未来。

· 方法 2 ·

## 鼓励孩子做喜欢的事情，增加成功体验，点燃成就动机

成就动机是一个人对做成一件事的渴望。如果孩子自己渴望有好成绩，那我们不"扬鞭"，他也会自奋蹄。但孩子怎么才能有成就动机呢？研究表明，一个人对喜欢做的事情，成功体验越多，成就动机就越强。

霍启刚、郭晶晶夫妇俩在育儿路上特别践行了这点。霍启刚认为今天的兴趣班课程已经非常多元，甚至有为3岁孩子准备的财经教育培训，而这更考验家长对兴趣班课程的把关，要让孩子自行选择，尝试找到自己最爱的活动。

**· 方法 3 ·**

## 让孩子多看人物传记、访谈，激发成就动机，做好孩子的立志教育

看人物传记能提升孩子的成就动机吗？有心理学家研究发现，越是在高度发展的国家，儿童读物里关于成就主题的内容就越多。反过来说明，如果希望孩子能加入国家富强文明的建设浪潮里，可以多阅读人物传记。这一点不少考上名校考古专业的学生就能做佐证，他们中不少人就因为看过"敦煌女儿"樊锦诗的传记，而矢志不渝地报考古专业。

**· 方法 4 ·**

## 给孩子一个有安全感、有尊严感的家庭环境

与物质奖励相比，我们对孩子发自内心的尊重更为贵重。如果我们能让孩子感受到"天生我才必有用"，那孩子会更加珍视他的一生，也会渴望为社会做出更多贡献。

以上分享了如何激发孩子学习内驱力的方法，期待各位家长用起来，不会再为催不动孩子学习感到沮丧，而是心中有方向地去激发孩子的求知欲、好奇心、成就动机，终有一日，能把孩子引领到终身学习爱好者的阵营中来。

## 第9章 如何培养孩子的耐挫力

有些孩子一遇到困难，就爱发脾气或者干脆放弃，这其实是耐挫力不强的表现。本书中人称"体育王子"的前中国体操运动员李小鹏与太太李安琪，就特别重视这个问题。他们颇有感慨地说："教会孩子不怕跌倒，就是父母能给予的最好教育。"那被视为最好教育的耐挫力养成，有什么方法呢？

对此，我们先来看看影响耐挫力强弱的原因是什么。心理学研究发现，除了孩子身体状况、先天气质外，影响孩子耐挫力强弱的重要因素是孩子对挫折的看法。如果孩子能认识到挫折无处不在，并能把挫折归因于努力方法、程度不够，那么耐挫力就会增强，这在心理学上叫作对挫折进行"积极归因"。但我们如何把心理学的研究成果运用于生活呢？这里跟大家分享5个方法。

♥ 方法1 ♥

## 和孩子一起对失败进行积极归因

翻开本书，我们惊喜地看到郭晶晶从妈妈视角分享给大家的育儿经验。这位著名的"跳水皇后"职业生涯最初也曾遇到过挫折，当她在赛事中出现失误时，教练会很快走到她身边与她一起对刚才的失误进行反思，思考如何准备下一跳。对家长来说，我们也是孩子的"教练"。当孩子遇到挫折时，最有力的帮助是和他们一起分析失败原因，思考克服困难的方法。比如孩子语文阅读理解成绩不理想，我们就可以和孩子一起分析，对哪种类型的题目最畏惧，如何有针对性地加以提升，以便下次达到自己的目标。

**· 方法 2 ·**

## 引导孩子对挫折形成"好感"

在本书中，李小鹏夫妇俩看到喜欢花样滑冰的女儿跌倒在冰场上时，心里虽然痛，但却十分"高兴"。对从小男孩成长到登上奥运会金牌领奖台的李小鹏来说，挫折是成长的动力，所以他会趁着女儿比赛失误的机会对女儿说："失误很可贵，一个人的成功来源于经历了九十九次失败后，也不甘放弃的坚持。"在他的引导下，女儿对挫折形成了"好感"，甚至把挫折看成帮助自己进步的好朋友。

**· 方法 3 ·**

## 日常多磨炼意志力，比如加强体育锻炼、多参加比赛

翻开本书，郭晶晶在育儿过程中特别重视孩子的运动训练，她认为这能培养孩子对输赢的态度，磨炼他们的意志。生活中，我们可能没有带孩子去练跳水的机会，但爬山、踢球、跳绳等运动操作起来还是非常方便的。比如周末全家人一起去爬山，用不到顶峰非好汉的精神去锤炼孩子的意志，锻炼孩子的身体，那他的挑战精神和耐挫力都会潜移默化地得到提升。

· 方法 4 ·

## 多做孩子的心理导师，让孩子愿意分享
## 他们的困难

孩子的生活经验毕竟有限，对问题的认识不深、不全，遇到挫折时容易产生很多"我不行""我太笨"的想法。这时候，我们要及时出场帮孩子破解迷津，和他们分享下我们遇到过的挫折以及克服困难的成功经验，和他们一起找方法，让他们认识到人无完人，并愿意分享他们的困难。

· 方法 5 ·

## 培养广泛的兴趣爱好，让孩子遭遇挫折时，
## 情感上有所寄托

孩子遇到挫折时，难免情绪低落，如果想超越挫折，调节好情绪，积极饱满地卷土重来很必要。怎么进行这种频道转换呢？我们可以跟爱因斯坦的家长学一个方法。在爱因斯坦小时候，他的母亲让他学习小提琴，就是希望他在学习之余，情感上有所寄托。后来，爱因斯坦在遇到难关时总会拉一会儿小提琴，从而快速转换低落情绪。所以我们可以注意引导孩子把平时学习的才艺，不光用于考级现场，更能用于自己的生活情绪调节上。

以上跟大家分享了培养孩子耐挫力的方法，这些方法的核心是，让孩子能从"好事"视角看待挫折，进而借助挫折寻找到提升自己的道路，成为一个不怕挫折、越挫越勇的"好汉"。

# 第10章 我们该培养怎样的精英孩子

如果说家长群也有"鄙视链"的话，那能培养出精英孩子的家长，常常被视为"青铜"级别。为什么"精英"二字如此博人眼球？这和精英人群在社会上的影响力有关。

精英，在能力、见识、胆识、财产、文化素养等诸多方面比较突出，像社会的精华一样，人数不多，但贡献显著。正因如此，今天很多家长把培养精英视为育儿目标，渴望去向那些已经培养出精英的家长们取经，希望得到一些真传。

确实，这些家庭有育儿密码。那密码是什么呢？

本书中以霍启刚为代表的很多家长，自身就是精英教育的受益者。他们在培育下一代的过程中，自然而然地延续着精英培育的策略，这里将他们的育儿案例，与精英教育相关的研究成果相结合，总结为7个重视分享给大家。

• 重视 1 •

## 重视培养孩子创意思维和想象力

霍启刚结合自身的成长经历，以及涉足青年发展事务和商界后所取得的成绩，对未来发展趋势提出了相当精准、独到的见解。他认为，孩子要立足于未来世界，必须具备创意思维和无限想象力，这样才会为世界带来新的改变及发展。

正是基于此，霍启刚和郭晶晶夫妇俩抱着开明的态度着力培养孩子的创意思维，他们形容道："这如同给孩子一张入场券，让他掌握未知的未来"。

• 重视 2 •

## 重视培养孩子"资源意识""多元思维"

霍启刚、郭晶晶夫妇很重视培养孩子应对未来挑战的能力，但他们看重的不是孩子是否拥有某种专业技能，而是孩子是否具备多元才能。霍启刚说："在全球化时代，资源共享下行业与行业之间的界限开始消除，未来需要能以多元思维去解决问题的人。"

如何培养多元思维呢？不能只聚焦应试成绩，还要注重培养孩子的合作技能、资源意识。比如引导孩子在成长过程中，多向身边的优质资源、互补资源取经，争取与之学习、合作的机会。但也要提醒孩子，借力资源的过程中，要有感恩之心，不能为了一己之私去做精致的利己主义者。

❤ 重视 3 ❤

## 重视培养孩子问题解决能力和规则意识

能成为学霸的，未必都能成为精英。这说明光会考试还只是纸上谈兵。解决职场实际问题，考验一个人是否具备问题解决能力，是否能解决别人没勇气、没办法解决的问题。

比如本书中，香港青年联会主席梁毓伟和他从事环球金融行业的太太，就特别注重孩子问题解决能力的养成。当3岁的儿子遇到困难向他求助时，他不会直接代劳，他会引导儿子用眼前已有的资源解决问题，而这也是他创建智能玩具大厂的父亲从小对他的言传身教。

这就提醒我们，生活中不要老是替孩子代劳，遇到看似无路可走的情况，就请孩子出主意、想办法，由此锻炼他们的头脑灵活度。但也要注意，一个人越是头脑灵活，越要遵守规则红线，僭越法律红线的精英，常常悔之晚矣，所以我们在孩子小时候，灵活和规则，两手都要抓。

❤ 重视 4 ❤

## 重视培养孩子的思辨能力和表达能力

一些资深精英站在世界舞台上发言的时候，家长们心里无比艳羡，多希望那是自家孩子未来的样子呀！为了帮孩子养成这项技能，我们要鼓励孩子多阅读，借由阅读把自己的灵魂塑造得更有趣。我们还要鼓励孩子多表达，如果孩子感觉没话说、不敢说，我们可以先做他们的同伴，和他们一起分享读书观点，一起欣赏名人演讲，甚至组织家庭演讲比赛、辩论赛，为孩子敢于在人前侃侃而谈打下坚实基础。

# 重视培养孩子社会兴趣、责任感

一些国际学校的校长在分享学生如何申请到常青藤名校的经验时，不约而同地提到一个词"社会责任感"。一位校长跟我说，他校内一个学生成绩并不是最突出的，但就是对云南一个古城的扎染文化感兴趣，连续几年做扎染文化宣传、搭建资源平台，以扩大当地扎染文化的影响力，结果获得了很多名校的青睐。这其实也提醒我们，要培养精英，不能光引导他为个人名利而奋斗，要有社会兴趣、社会责任感。

霍启刚、郭晶晶夫妇在这点上对孩子更是着重培养。霍启刚自身就是精英教育的受益者，在教育下一代的过程中，他思考如何能新旧共融，不像过去一些精英教育那样只教孩子爬往最高点，而是把"让世界变得更好"的理念种在孩子心间，鼓励孩子追求价值、正义、贡献。

# 重视培养孩子心理弹性

展现在大众面前的精英，看起来繁花似锦，但其背后成长之路一定是披荆斩棘、乘风破浪的。就像孟子说的"天将降大任于是人也，必先苦其心志，劳其筋骨，饿其体肤，空乏其身"。很多具备精英潜质，但却与精英身份失之交臂的人，往往就是被过程中的苦给击退了。所以，我们如果想培养一个精英孩子，一定要培养他的心理韧性，对失败有充分的心理准备、承受能力。这点上，我们甚至要做孩子的哲学家朋友，跟他多读一些"是非成败转头空"的诗词，帮他建立"但问耕耘，莫问收获"的心态。

• 重视 7 •

# 重视培养孩子体能素质

最近，我国首位载荷专家飞天的新闻引起广泛热议。大家最关注的话题是，小镇"做题家"如何成为精英、逆袭上天宫？分析之后，大家发现了一个特殊密码，那就是体能素质优势。体能突出是载荷专家上天宫的重要条件。那如果我们不打算培养这个领域的精英，是不是就没必要重视孩子的体育家教呢？精英看似消耗的是脑力，但如果没有好体力做支撑，也很难运转。所以，我们重视培养孩子体能素质，也是给孩子长远的精英之路蓄能。

这点上，霍启刚和郭晶晶夫妇极有共识，尤其霍启刚。他虽然不像郭晶晶那样走专业运动之路，但成长中跟着爸爸一起去看各种运动比赛的经历，回想起来历历在目。现在他和郭晶晶把体育家教向下传递，比如会带着 3 岁的儿子一起参加三公里马拉松慈善比赛，希望儿子能从体育锻炼中领悟到种种人生道理。

有关如何培养精英的方法，本书中诸位精英型家长还分享了很多经验，相信大家翻开书、细致阅读，一定能从中领悟到培育精英的精髓，加以借鉴，精英也会花落自家。

# 第11章 如何对孩子进行财商教育

很多家庭中，财商教育是一块短板。有一位家长跟我苦恼倾诉，上小学5年级的儿子，拿他手机玩游戏，往里面充值32000元，被他发现后，竟然是一副多大点钱的表情。无独有偶，近些年时常有新闻传出，孩子用父母的钱给主播打赏，感觉好像钱是从天而降、用之不竭的。如果孩子的成长环境衣食无忧，是否财商教育就多此一举了呢？

本书中，香港法律界资深律师陈晓峰和太太，还有前香港自行车代表队优秀运动员黄金宝和太太，都提到了他们对孩子财商教育的重视，并倾囊相授了观点和秘诀。

这些在专业领域颇有建树的家长为什么如此重视财商教育呢？研究表明，让孩子从小理解社会经济现象，不仅对孩子智力、情绪、心理发展有益处，对其今后的职业发展、家庭发展也有帮助。那么，如何培养孩子的财商呢？可以把握4个重点。

**· 重点 1 ·**

## 给孩子零花钱，指导孩子在花钱时区分"需要"和"想要"

有一位妈妈跟我诉说了她的育儿压力，她每月工资拿出5000元给读大学的女儿，但女儿还跟她抱怨说不够花，因为要买的东西太多了。

看啥都想买，这确实是一些孩子缺乏财商的表现。针对孩子的购物欲，前香港自行车代表队优秀运动员黄金宝采用了"需要""想要"辨别法。他举例说孩子爱上了"爆丸"陀螺，想买最新型号，但其实这个型号目前他比赛时并不需要。于是黄金宝就请孩子自己做抉择，是现在买下、明年用这个型号参赛，还是明年比赛时再买新型号。孩子最终选择了他的"需要"。

孩子对琳琅满目的商品确实缺乏抵抗力，但就算家里的财力可以承担，过度浪费、占用空间也没有必要。所以很有必要教会孩子学会区分"需要"和"想要"，面对不是特别必须要买的物品，适当控制下自己的"想要"。

**· 重点 2 ·**

## 把钱分成"3个罐子"，学习对钱进行分配

提到财商，很多人都听过"3个罐子"的故事。这3个罐子分别是"储蓄罐""花钱罐""给予罐"，意思是要对钱进行合理分配。一份用来储蓄，一份用来消费和投资，还有一份用来捐助爱心。"3个罐子"的理念助力了全球范围内很多精英家庭的财商教育。

本书中，作为香港法律界育儿代表的陈晓峰律师和他太太，就是这个理念的执行者。比如他们会在圣诞节期间设计"圣诞老人秘密行动"活动，让小朋友担任天使，给低收入家庭送去礼物。有一次，他的孩子用自

己的压岁钱买了按摩器，送给一个小朋友，让他转赠给他从事保安工作且经常腰酸背痛的爸爸。

所以财商教育，并非仅仅是囤积钱、做守财奴，更注重给予和投资。尤其投资，这也是让钱生"宝宝"的重要途径。比如最近，一个小学生"六一儿童节"摆摊套圈一小时挣500多元的新闻上了热搜，这其实也提醒我们，可以从小启蒙孩子的投资理财兴趣。

• 重点 3 •

## 了解收入和支出，会做预算

不会理财的人，总是钱到用时方恨少，而如果他们懂得做预算，这一切就会变得不一样。

所以我们有必要从小培养孩子学会对钱做预算，比如自己目前这个月有多少收入，预计有哪些固定花费，如果这个月想要购买一个大额物品，那固定花费中有没有可以减少的部分，或者一旦购买了这个大额物品，未来几个月有没有增加收入、减少支出的办法。引导孩子通过预算控制实际支出金额和收入金额，使他们能对自己的收支随时监控，学会管理财富。

• 重点 4 •

## 带孩子深入了解自己的职业，培养孩子的
## 职业财商

钱从哪里来？我们以为孩子对这个问题的答案了然于心，其实很多孩子对此真的很茫然，甚至有的孩子误以为手机里有取之不尽的钱。不知钱从何来，对钱的珍惜与感恩之情也无从谈起，所以我们有必要找机会带孩

子深入参与到我们的工作中，感受劳动换取报酬的过程。这不仅能让孩子对钱的由来心生感恩，也能培养他们的职业财商。

说到这种职业财商培养，本书中，身为香港法律界资深律师的陈晓峰和太太，会刻意带孩子参加自己的法律专业活动，借此熏陶孩子的职业态度。此外，他们还会尽早帮孩子开启职业生涯规划，发掘孩子的长处，向他们提供信息和资源，对孩子可能存在的职业潜力加以重点培养。毕竟，财商的重要抓手是孩子的职业发展，有了职业财商，孩子的财富人生才能如同滚雪球一样，由小变大。

以上跟大家分享了培养孩子财商的 4 个重点，尤其是职业财商的培养方法，期待大家借助这些方法，引导着孩子成为"君子爱财，取之有道"的人。

# 第12章 在家庭中如何培养孩子的品德

孩子成绩好，品德自然好吗？网络热议的北大学霸弑母案让我们感受到，如果只关注孩子的学习成绩，忽略他的品德教育、人格成长，那他可能会成为高智商的空心人，空到连灵魂都没有。

针对这个问题，本书中，第二十八届香港青年联会主席楼家强就明确地表达了他的观点，要重视孩子的心智和品格培育，不能光注重高分、高成就。

品德养成如此重要，应该如何培养呢？

介绍方法前，我们可以先从品德心理学的研究成果里借鉴点思路，那就是品德培养不能光注重讲大道理，要注意从情感上感染孩子、从体验上引导孩子，具体有哪些方法呢？跟大家分享如下4个重要方法。

## ♥ 方法1 ♥
## 不能过分溺爱孩子，多培养孩子生活自理能力

楼家强和太太把品德培养放在首位，那他们有什么独特经验呢？秘诀之一就是——防范溺爱式教子。楼家强认为，过分溺爱会导致孩子未来缺乏自理能力和应有的求生技能。为此，他们夫妇有意培养孩子自主掌握生活中的大事小情，比如带孩子逛超市，认食物、商品成分、原材料，让孩子接地气，而不是四体不勤、五谷不分。

💜 方法 2 💜

## 家长以身作则做一个厚德载物的人

前段时间，其祖孙俩"五一"在景区排队夹塞儿还振振有词的新闻登上热搜。大家惊讶地发现，祖孙俩缺乏社会公德的态度、思维方式竟如出一辙，这也能"遗传"吗？其实，这是家长言传身教的结果，家长就是孩子的镜子，如果我们做人做事厚德载物，比如孝顺老人、善待邻居、助人为乐、遵守公德，孩子就会有样学样。

💜 方法 3 💜

## 提醒孩子"严于律己、宽以待人"

与人相处中，什么样的人会令我们感到品德高洁、敬佩欣赏呢？无疑是那种严于律己、宽以待人的人。而什么样的人，容易把自己的路走到无路可走还觉得天下人都亏欠他呢？无疑是那种得理不饶人、缺乏自控的人。所以，我们如果把"严于律己、宽以待人"的种子从小种在孩子心底，他们自然形成正确的价值观。但如何种下这颗种子呢？生活就是最好的教材。我们可以跟孩子一起谈论社会新闻，让他学会换位思考，感受宽以待人的重要性。

💜 方法 4 💜

## 不以成绩论英雄，让孩子多负责家庭活动

经常有家长为孩子不知感恩而无奈叹气。一位妈妈说，她上六年级的儿子每天早上面对自己精心准备的早餐，总是挑三拣四，吃完连碗筷都不能放在水池里，这让她担忧自己是不是培养了一个"白眼狼"。

其实很多"白眼狼"的养成，都和家庭教育过于重智轻德有关，如何加以扭转呢？重要的一点就是家长先改变育儿目标，成绩固然重要，但它不是评价孩子的唯一标准。如果我们把它视为唯一标准，孩子也容易误以为他们是我们实现名校愿望的工具，这会伤害我们的亲子关系，孩子也会被我们养得很功利。

另外，请孩子多负责家庭活动也是培养孩子品德的好途径。

这点上，霍启刚和郭晶晶夫妇俩就经常同心协力，放手让孩子在家庭活动中承担责任，比如有一年母亲节，他们没有在外买蛋糕，而是组织了全家焗蛋糕活动，还让家里的哥哥发挥领袖作用，带领妹妹们分工合作。在这个过程中，不仅培养了孩子的家庭责任感，对他们手足情谊的养成也有帮助。

以上跟大家分享了培养孩子品德的方法。十年树木，百年树人。树人的关键在立德，我们今天如果把注意力都放在高分、高成就上，忽略了孩子的品格培养，等孩子长成空心人，一定悔之晚矣。所以，我们不妨和本书中这些年轻有为的夫妇们一起，给孩子的品德养成留出时间、空间，真正孵化出德才兼备的人才。

# 找到孩子的光

霍启刚 主编

## 未来孩子的
## 10种关键教养

SPM 南方传媒

全国优秀出版社
全国百佳图书出版单位

广东教育出版社

·广州·

# 图书在版编目（CIP）数据

找到孩子的光 ：未来孩子的10种关键教养 / 霍启刚
主编 . -- 广州：广东教育出版社，2023.7（2024.7重印）
（大湾区专项出版计划）
ISBN 978-7-5548-4796-1

Ⅰ. ①找… Ⅱ. ①霍… Ⅲ. ①家庭教育 Ⅳ. ①G78

中国版本图书馆CIP数据核字（2022）第106205号

主　编：霍启刚
撰　文：郑子莲

本图书由广东教育出版社与商务印书馆（香港）合作出版

## 找到孩子的光——未来孩子的10种关键教养
ZHAODAO HAIZI DE GUANG——WEILAI HAIZI DE 10 ZHONG GUANJIAN JIAOYANG

出 版 人：朱文清
策划编辑：卞晓琰
责任编辑：林检妹　阳　洋
特约顾问：陈苗苗
营销编辑：周　莉　卢颖璇
项目宣发：罗婷婷　林己情　李欣雨
版权编辑：杨柳婷
责任技编：吴华莲
封面设计：集力書裝+梁蔚尉
装帧设计：陈宇丹　苏永基
责任校对：王惠贤
出版发行：广东教育出版社
　　　　　（广州市环市东路472号12—15楼　邮政编码：510075）
销售热线：020-87615809
网　　址：http://www.gjs.cn
E-mail：gjs-quality@nfcb.com.cn
经　销：广东新华发行集团股份有限公司
印　刷：深圳市福圣印刷有限公司
　　　　（深圳市龙华区龙苑大道联华工业园三楼一楼　邮政编码：518110）
规　格：787 mm × 1092 mm　1/16
印　张：12.5
字　数：250千
版　次：2023年7月第1版
　　　　2024年7月第2次印刷
定　价：78.00元

如发现因印装质量问题影响阅读，请与本社联系调换（电话：020-87613102）

　　我与晶晶虽育有三个孩子，但我们并不认为自己已是育儿专家。在成为父母这条学习路上，让我体会最深的是即使做再多的事前准备，当把孩子抱在怀里的那一刻，深受感动之余，也难免会有无助的时候。幸好，身边的人给了我们无限的支持，我们也万分庆幸有不少朋友可以成为我们的好榜样，让我们不断进步，成为更好的父母。就是这份彼此支持，让我意识到最好的学习就是分享经验，虚心聆听，对朋友如是，对孩子亦如是。

　　21世纪是挑战与机遇并存的时代。在社会产业逐渐趋向多元化、全球化以及电子科技的大力发展下，打开了很多之前难以想象的机会之门。如果科技为未来社会开创了全新的跑道，那么新时代的父母该如何培养孩子？如何为孩子提供跟以往不一样的"入场券"？孩子将来要拥有什么特质，才能够为这个时代发光、发热，创造属于自己的人生？因此，寻找一套新时代的教育方法，就是我策划这本书的最大原因。在听完其他来自不同背景的、为人父母的朋友的无私分享后，我惊喜地发现，原来并没有一套所谓最适合的教育方法。孩子最需要的是父母对未来社会的洞悉力，以及做到以孩子的快乐为本，一路相伴，让他们活出自我。

此书除了与晶晶一同分享我们的育儿经验，以及对未来社会发展的看法之外，也希望借着我们留学所吸收的多元文化涵养，以及多年来在体坛、商界及社会公职等领域上获取的宝贵经验及人脉，呈现出立体多元的视野。书中受邀分享育儿经验的父母横跨不同领域，包括创意科技、医护界、体育界、演艺界、商界以及法律界等，家庭文化多元。本书更收录了很多温馨的故事及精辟想法，非常精彩。在此感激受访者分享心得与经验。

期望无论是新手父母，还是孩子已踏入青少年阶段的朋友们，也会与我一样，借镜此书，让孩子找到属于自己的答案，与孩子同行，一同成长。

愿各位父母都能找到孩子的光。

# 向霍启刚、郭晶晶夫妇取育儿经

## ——给孩子一张什么样的入场券，助其掌握未来?

有这样一对夫妇，他们每次带娃出行、每次晒出跟娃亲子互动的照片，就会上热搜。

他们就是霍启刚、郭晶晶夫妇。

他们吸人眼球，不仅因为他们一个是霍氏家族第三代长孙，一个是著名"跳水皇后"，更因为他们的育儿方式，让大家感到惊奇、出乎意料! 以至于新时代家长们，很渴望向这对夫妇求取育儿经。眼前这本《找到孩子的光：未来孩子的10种关键教养》，由启刚亲自策划，首次揭秘了他与晶晶的育儿经。

为什么启刚要去策划这样一本育儿书呢?

如果你看到启刚这些年不仅在体育界，更在青年发展事务、商界所取得的成绩，你就明白他为什么如此关注育儿了，因为他把育儿与未来社会发展联系在一起了!

就如启刚所深思的，"如何为孩子提供跟以往不一样的入场券？孩子将来要拥有什么特质，才能够发光、发热，创造属于自己的人生？"

启刚把他对这些问题的回答，结合他与晶晶养育3个孩子的经历，化成新时代育儿方法，呈现在本书中。这也是他策划本书的原因。

众所周知，启刚与晶晶成长背景截然不同，那他们如何在育儿这个问题上合作共赢呢？这就体现了黑格尔说的"异中有同"。启刚成长自霍氏家族、晶晶成长于国家跳水队，看似迥异，但他们的相同在于都理解整个社会的结构以及大背景环境的变化，都洞悉未来社会的变化。正是这样的"同"，两人对"给孩子一张什么样的入场券、助其掌握未来"有着高度共识，而在本书里，他们就把这个共识和盘托出，从而引发新时代父母思考——如果我们要为孩子提供掌握未来社会的入场券，应该做哪些准备？

### 入场券准备一　贡献力

之前，启刚在微博晒出他和晶晶带儿子霍中曦到农田体验插秧的图片，有家长看到后很疑惑：为什么要这样育儿呢？不怕孩子遭罪吗？

夫妇俩在书中分享了答案，他们俩说因为未来社会追求的是价值、正义、贡献，所以他们并不赞成延续以往的精英价值教育下一代，只教孩子爬往最高点，因为一个只追求成为最强者的孩子，又怎能为社会带来更好的发展呢？在书中，大家会看到他们夫妇俩是如何尝试使用新旧共融的教育方法，将创新思维与传统美德两手抓。

### 入场券准备二　选择力

很多人好奇，晶晶和启刚会给孩子报哪些才艺班呢？在报班问题上他们刻意锻炼了孩子的选择力。

尤其启刚，面对儿童才艺课日新月异甚至连给3岁小孩上财经培训班都有的这种情况，他反思道：当整个社会都要求孩子多才多艺，我们是否有空间为孩子寻觅新出路。最后，他的结论是：不要揠苗助长，让孩子自行选择，去找到自己最爱的活动。

这一点，晶晶尤为赞成。她6岁就离开家人进入国家队，直到退役后才意识到自己过去习惯于接受别人的安排，她反思绝对服从未必是最好的成长模式，所以她非常支持启刚的想法，给孩子足够空间，培养他们的选择力。

### 入场券准备三　人际关系领袖力

启刚和晶晶带着3个孩子出游的照片让很多家长表示羡慕，并感叹"这3个小孩的感情怎么这么好"。其实，这也是他们刻意培养的结果。

尤其启刚，作为霍氏家族的第三代长孙，从小到大和很多家庭成员生活在同一屋檐下，这使他意识到，手足之情是孩子踏入社会前学习建立人际关系的第一课。他和晶晶会引导哥哥照顾妹妹们。在书中，夫妇俩分享了他们如何刻意安排哥哥在家庭活动中担任小领袖角色，这些做法对我们现在很多多子女家庭育儿特别有启示作用。

### 入场券准备四　想象力与创意力

想到未来社会，很多家长特别担心，为孩子选一个什么样的专业才能扛得住人工智能的抢占？启刚在本书中分享了他的精准见解，他认为想象力和创意思维是关键能力，因为未来属于会利用科技工具的人，而科技只有放在具有无限想象力和创意思维的人才手上，才会为世界带来更大的发展。

这点上，启刚和晶晶高度一致。他们俩分享道：如果孩子拿回家一幅画，是在现成模板上涂色而成的，那不是他们希望孩子学习的方式。而如果孩子在白纸上任意发挥，画了一幅没有蓝天白云的风景画，他们会加以鼓励，因为他们盼望的是孩子能够创造新的世界。

### 入场券准备五　意志力

很多家长都好奇，启刚和晶晶都与体育有缘分，他们是否希望孩子做职业运动员？启刚和晶晶没有强求孩子，但他们很看重借助体育训练培养孩子的意志力。启刚在书中分享了他带当时只有3岁的儿子一起参加马拉松的经历，在这个过程中，儿子全程坚持，展现了令他都钦佩的意志力。而这样的品质也是他们日常刻意培养的结果，比如说启刚一有机会就会带孩子观看比赛，通过观赛，不仅能培养父子亲情，也可熏陶孩子养成未来社会所需的意志力。

### 入场券准备六　多元思维问题解决力

很多人都好奇，像启刚和晶晶这样在专业领域卓有成就的家长，想让孩子长大后学什么专业？在本书中，启刚给出分析，他认为未来社会是全球化时代，一家跨国企业能囊括不同产业，资源共享下行业界限也开始消除，所以未来社会需要的不再只是拥有某种专业技能的人，而是具备多元才能、能以多元思维解决问题的人。

关于给孩子提供一张什么样的入场券，其实启刚和晶晶心底的答案是非常精准、丰厚的。现在，他们愿意将自己的育儿经验毫无保留地与大家分享，这对新时代家长升级自身家庭教育的方式来说，大有裨益。

而启刚为了大家收获更丰，还有一个特别设计——

那就是，他不仅在书里呈现了自己与晶晶的育儿经验，还邀请了9对在各专业领域颇有建树的父母来分享育儿经验。启刚这样策划的目的就是，给渴望助力孩子掌握未来社会的父母们一个能够洞悉未来的精准眼光。就如他所说："没有最适合的教育方法，孩子最需要的是父母对未来社会的洞悉力。"

什么是对未来社会的洞悉力？就是透过表面现象精准看清未来社会本质的能力。

这种力量，对大多数普通家庭的家长来说，是不是可望而不可即呢？

这也是本书最有价值之处，它没有像科研论文那样跟大家讲解什么是未来社会的洞悉力，但如果我们细致品味，就能从里面的温馨故事、精辟想法里灵光一闪地领悟到未来社会的本质是什么，我们该如何让孩子身上的光与未来社会的气象万千紧密结合！

相信那时，策划此书的启刚、分享了私家育儿经的晶晶，也会在书的另一端，因为你的心领神会，欣慰一笑！

陈苗苗

"童书育儿法"创始人

首都师范大学青年教育研究艺术所国内研究室主任、副教授

中国儿童中心家长服务智库专家

# 目录

*o1*

# o2

# o3

# 06

**医护界**

**任俊彦　纪彩霞** 夫妇

育有两个孩子

*o9*

*1o*

# o1

## 在家培养小领袖

文化体育界 | 霍启刚 郭晶晶 夫妇
育有三个孩子

让孩子在互动中学习，

发挥**小领袖**的特质。

　　霍启刚与太太郭晶晶是体坛一对令人艳羡的恩爱夫妻。一位是著名的"跳水皇后"，一位来自与体育界有深厚渊源的霍氏家族。两人结婚差不多十个年头，目前育有三个孩子，长子霍中曦在读小学二年级；次女霍中妍今年4岁；小女儿霍中怡则是一个2岁半的小女孩。晶晶从跳水台上光荣退役，成为母亲后专心照顾孩子，特别珍惜与孩子共处的时光，希望能够为孩子带来愉快的童年。除此以外，他们也特别重视培养孩子应对未来社会的能力。

霍启刚夫妇目前育有三个孩子，分别是霍中曦、霍中妍和霍中怡，
非常热闹。

　　即使已经育有三个孩子，夫妇二人仍然视自
己为新手父母，"每天要迎接新挑战"，可谓摸
着石头过河。说到成为父母前的心理准备，启刚
笑言，只要在"脸书（facebook）群组"一问，
来自五湖四海的建议及意见就会蜂拥而至，当中
的参考性或许要几经过滤。但总体而言，随着信
息发达，现代父母在亲子教育的学习及交流上，
的确比上一辈的父母要容易得多。

## 父母需具备时代洞察力

一代人有一代人的挑战，当薪火传到了我们的下一代时，他们面对的环境已全然不同，不可能靠一本书走天下。启刚认为"生仔要考牌"（生养孩子要持证上岗）也许就过于夸张了，但要让孩子未来在社会上站稳脚跟，作为家长，真要对未来社会具有洞察力。接受未来十年、二十年的社会也许已经不是自己所能想象的，未来自会有一套全新的模式及价值。

> 新时代父母需要把新旧价值观融会贯通，开拓视野，培养孩子适应未来的能力。而由始至终，父母都需要与孩子一起同行。

作为新手父母，花在孩子身上最多的是"心血"和时间。从养育第一个儿子时的不知所措，到现在有了三个孩子，夫妇二人一路走来坚持不断学习。大儿子出生时，晶晶对于未来虽然有很多的未知及忧虑，但那份初为人母的喜悦至今仍然难忘。儿子出生不久便全身起满红疹，夫妇俩手忙脚乱地寻找原因。医生说是因为孩子穿太多衣物而热坏了，后来用金银花煮水涂抹，儿子的皮肤问题才解决了。

这一次经历，足证父母有时过分紧张，未必会有好的效果。启刚坦言，自己是过来人，新手父母遇到问题时紧张在所难免，但请不要盲目相信网上的"秘方"或"窍门"，有时看得愈多，愈容易出乱子。夫妇二人意识到，对第一个孩子的紧张无可避免，从第二个孩子开始，就得学会放松。

> 过分的保护，孩子可能接受不到正常成长所需的外来刺激，对性格也会产生不良影响。

## 让孩子感受陪伴的快乐

说到童年，夫妇二人的成长环境可谓是截然不同。晶晶15岁时就代表国家出征奥运会，更创下了夺得四枚奥运金牌的佳绩。晶晶是家中独女，为成为优秀的跳水运动员，她6岁便离开家人，进入国家队受训，与父母没有太多的相处时间。而且，国家队的训练严格得近乎军训，整个体育生涯中，刻苦训练和服从纪律几乎占满了晶晶的成长时光。当她从跳台上退下来后，才意识到自己的生活里只有训练，习惯接受别人的安排，对未来的想象是一片空白，从来没想过可以有自己的想法。因为自身经历过绝对服从，认为这未必是最好的成长模式，她除了特别珍惜现在能与孩子共处的时光之外，也希望能给予孩子足够的空间及选择，让他们可以决定自己的将来。

启刚则在大家庭里长大，爷爷是霍英东，父亲霍震霆是鼎鼎有名的体育事业发展推手，他作为霍氏家族的第三代长孙，从小到大，与很多家庭成员生活在同一屋檐下，与几个堂兄弟姐妹吵作一团，一起上学、放学，起居饮食也有彼此的陪伴，热热闹闹的。启刚小的时候父母还非常年轻，正值事业拼搏之年，工作繁忙，经常奔走在世界各地，他是在奶奶的照顾下长大的。奶奶很注重健康及作息规律，也很关心孩子的学习成绩，当时几个孩子都是由她一手照顾，可谓家中支柱。她的教育比较传统、严格，很多生活习惯及思想上的培养，对启刚现在的育儿观念也有不少影响。正因儿时感受过陪伴的快乐，现在他尽量抽时间让孩子与年纪差不多的表弟表妹们见面。夫妇二人坦言，家庭成员的数量可能是两人成长环境中最大的区别，作为独生子女的晶晶，很愿意为孩子创造热闹的成长环境。

运动能训练孩子的专注度，也教会他们输赢。

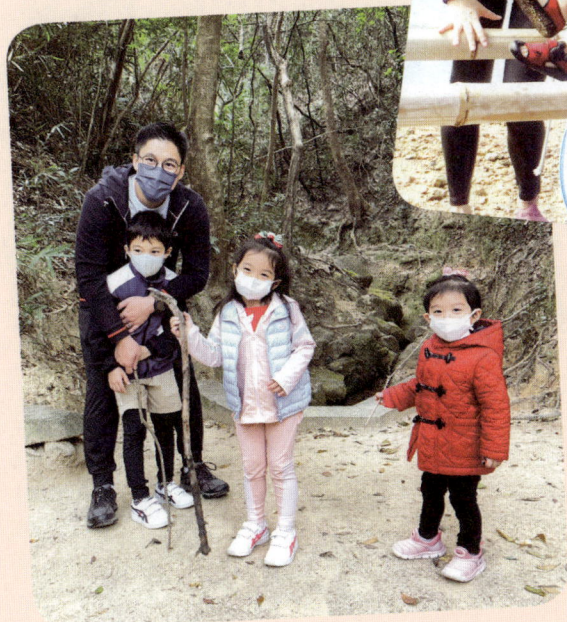

大自然是孩子最好的游乐场。

## 发挥小领袖的特质

虽然父母的教育对孩子的成长影响最深，效果最明显，但启刚认为，孩子在一个有兄弟姐妹的家庭中长大，让孩子在互动中学习，是一个颇为重要的教育方法。

父母代表着权威，其指示由上而下。启刚通过观察孩子发现，如果是几兄弟姐妹共同成长，不用过多教导，孩子也懂得如何"应对"父母。他笑言，几个小孩子如有要求，小小年纪就懂得轮流来游说他们；犯了错，则会互相掩护或顽皮地互相推卸。在他眼中，这种手足之情，是在他们踏入社会之前，学习建立人际关系的第一课。

晶晶最开心的是看到大哥很照顾妹妹们，温柔体贴。她笑着说看见丈夫与其兄弟姐妹们关系融洽，希望三个孩子将来也以此为榜样，在未来的路上一直支持彼此。至于父母如何帮助几个孩子建立和谐关系，以他们一家为例，夫妇二人有时会刻意安排哥哥在一些家庭活动中担任小领袖的角色。首先是培养他的自豪感，同时让他为妹妹们树立榜样，互相学习。例如，有一年母亲节，他们没有在外买蛋糕，而是组织了一个全家焗蛋糕的活动。蛋糕的味道是其次，如何让哥哥在过程中发挥小领袖的作用，带领妹妹参与其中，学会分工合作才是最重要。蛋糕出炉后，哥哥很有成就感。夫妇二人建议，家长不妨花少许心思，安排一些机会让孩子培养手足情谊。

当孩子发生冲突时，夫妇二人除了要告诉哥哥忍让、不可事事告状之外，也要教导他们三人，无论事情的始末为何，一定要先互相道歉。夫妇二人最希望教导孩子的是，不论谁对谁错，一家人之间是不应有敌意的。当父母的则要帮助他们修补关系，不能偏心。晶晶笑说，亲子教育中最大的挑战，也许是要时刻提醒自己是教育者，一定要有耐性。自己以前不爱说话，现在都变得啰唆起来，特别是当孩子学习不认真的时候，父母会担心，容易烦躁。作为家长，应该如何自我调节？这时候父母的换位思考就变得非常重要。每当晶晶辅导孩子功课感到不耐烦时，就会蹲下来，用孩子的视野去倾听孩子的心声。

父母经常用一个成年人的眼光去要求孩子，是怎样也不会达至同步的，倒不如调节自己的期望，与孩子保持同频共振。

↑ 启刚、晶晶和孩子一起练习书法，注重传统文化的熏陶。

尊重孩子的个性，进行量身订制的教育方式

　　社会上有形形色色的教育方法，但是他们却没有特别依循任何一种。他们认为，每个孩子的性格都不同，似乎没有一条公式可以完全适用。并且，东西方的教育方法不同，启刚和晶晶也存在价值观上的差异，倒不如为孩子量身订制一套合适的个性化教育方式。

　　现在小学阶段，最热门的科目除了各项运动、琴棋书画之外，就是STEAM［科学（Science）、技术（Technology）、工程（Engineering）、艺术（Art）、数学（Mathematics）］、编程及人工智能等。令他们大为惊讶的是甚至有供三岁孩子报读的财经培训班。回想以往，小时候即使有机会参加兴趣班，也不可能那般"多元"。面对活动及课程的日新月异，好奇心旺盛的孩子当然什么都想试，父母的挑战在于，如何从多不胜数的选择中找出适合孩子学习的课程，如何做才不算是拔苗助长，如何才能平衡经济负担以及时间分配。启刚反思，当整个社会都要求孩子要多才多艺，夫妇二人是否有空间为孩子寻觅新出路？最后，启刚和晶晶决定让孩子自行选择，尝试找到自己最爱的活动。

## 想象力比知识更重要

另一个需要父母反思的问题，就是如何在孩子学习的同时，留足时间支持他们的兴趣。比如，有些绘画兴趣班，不是真以教孩子画画技巧为主，而是提供备好的模板，供孩子涂色，"画"出一幅美丽的作品，然后带回家给父母展示，同时获得证书。夫妇二人认为，这种教学模式不是他们希望孩子学习的方式。

> 创意应是给孩子一支笔、一张白纸，随他们任意发挥，谁说风景画一定要有蓝天白云？只要给孩子发挥的空间，他们可以创造一个全新的世界。

启刚主张亲子教育上，不要太看重结果，而要重视孩子在学习过程中能吸收多少知识，是否能够将知识或技能加以应用或重新创作，这才是最好的教育方法。孩子年纪较小时，可以让他们尽情探索，勇于尝试，过程中父母要求不用太高。随着孩子日渐长大，应集中培养各自不同的性格特质。晶晶笑言，孩子未来的计划，会交由爸爸拟定，自己则希望可以在他们的童年阶段，尽量给孩子们提供最大的自由及快乐，让孩子健康、茁壮地成长。

## 观看球赛，拉近父子关系

夫妇二人，一位是金牌"跳水皇后"，一位是体育界推手，两位与体育运动都有很深的缘分。晶晶留意到，在香港成为职业运动员，要比内地困难得多。在内地一旦立志要把运动员作为职业，就会以训练为主，对文化知识学习要求会降低一些，而香港运动员很注重全面发展，压力大得多，所以晶晶没有强求孩子跟随自己的步伐成为运动员。

参与体育锻炼能让孩子学习种种人生道理。他们与当时3岁的儿子参加3公里马拉松慈善比赛，儿子一直奋力前

进，启刚叮嘱他要量力而为，想不到儿子意志坚定，全程没有停下来，直达终点。启刚坦言他心中很佩服儿子有妈妈的运动健儿风采，坚毅不屈。现在儿子喜欢击剑，既能训练他的专注度，又教会他懂得输赢。因工作关系，启刚一有机会就带孩子观看不同的运动比赛，比如击剑或香港国际七人橄榄球赛等。在享受热烈的比赛气氛之余，也能感受那份团队凝聚力。启刚说，回忆当年自己跟着爸爸去看奥运会的经历，至今仍历历在目，记忆犹新。这种父子一起去看运动比赛的亲子关系在外国也很流行，甚至孩子升读大学后仍会和爸爸去观看球赛，这是父母与孩子建立亲密关系的绝佳机会。

## 教育模式将随社会改变

新冠肺炎疫情期间，几兄妹的感情虽然亲密了很多，但却突显了线上学习的不少缺点。要求成年人全天用视频开会都不容易，又怎能要求孩子全天只在线上上课呢？孩子专注力不足，对学习效果影响很大。启刚因为其专业背景，对疫情期间香港线上学习的发展也有些反思。他认为，除了电子书籍的发展需要加快之外，家长及学校也要开始思考。当社会习惯了线上教学，将会改变整个教育模式。香港的线上教学发展程度，是否能足够支撑孩子的需求？他认为，很多家长在疫情前没有动力或机会尝试线上学习，但是，如果将来补习班或兴趣班有机会全转变成线上教学，父母可以先行了解相关信息，认识不同的网上教学平台，了解适合孩子的课程类型。

启刚除了继承父亲的衣钵，致力推动体育事业发展，同时也有涉足青年发展事务，在企业及商界也有不少成绩。对于未来发展的分析，他提出了相当精准而独到的见解。他认为，要立足于未来世界，具备创意思维是关键能力。

科技发展打破了很多行业、国家以及人与人之间的界线。谁也没料到，电动智能汽车可以媲美传统汽车的性能，能够在市场上争个高下。虚拟货币、区块链等全新的金融科技概念颠覆了传统金融市场，为投资者带来更多元的选择。科技对世界发展的影响在于，它使很多传统市场的入场门槛降低，又或者说，打开了很多新的大门。以往要在传媒、制车、地产等传统市场中抗衡大企业，是天方夜谭，但启刚认为，现代社会则处处是机遇。

科技是工具，只有放在具有无限想象力及创意思维能力的人才手上，才会为世界带来新的改变及发展。

## 父母需要洞悉未来变化

作为父母，首先要对社会有充分了解，理解整个社会的结构及大背景环境的变化，也需明白孩子将会面对的问题。香港社会整体的生活压力大，普通人的收入涨幅一般追不上正常生活指数及楼价涨幅，下一代难免感到无力。旧时代是知识型社会，学术专业几乎决定了未来的人生蓝图。从事金融，必须修读经济专业；要进入商业市场，工商管理的学历必不可少；需要专业资格的行业如律师或会计师就更甚。总体而言，过去社会相信知识能够改变命运，考取专业资格证书，追求高职厚薪，对当时的人来说，就是向上攀升的最佳指标。

> 未来无论在任何领域，对于创新、敢于挑战、破旧立新等思维的需求将会愈来愈大。如果父母能够具有这种视野，而又抱持开明的态度尽早培养孩子的创意思维及解难能力，就如供给孩子一张入场券，掌握未知的未来。

以往社会的经济结构比较单一，要成功只有一条道路，然而，科技带来了前所未有的可能性，开拓了很多新技能的道路，这也是启刚提倡的教育方向，至于通过什么形式获取信息，则需留给孩子自行发掘。

## 才能比技能可贵

为孩子做好准备以应付未来的挑战，贵在方式，不是结果。如不是从事与学科相关的行业，那么在学校学到的大部分知识，长大后也会忘记一半。未来的世界是全球化时代，一间跨国企业能够囊括不同产业，资源共享下行业与行业之间的界限开始消除。以某某公司为例，它不只是电子产品制造商，同时也涉及音乐、影视、制车、网络服务等不同领域，这类公司需要的员工，不再只是拥有某种专业技能的人，而是具备多元才能、能以多元思维解决问题的人。

父母应该注重孩子的社会应对能力、面对挫折的毅力，鼓励他们寻找自己的理想，激发其动力和创造力。当然，父母并非教育专家，不一定要懂得十全武功，但需要反思的是，如果继续沿用从前的精英价值教育下一代，只教他们爬往最高点，当未来社会追求的是价值、正义、贡献时，当"让世界变得更好"成为共同理念时，将来这个只会追求成为最强者的孩子，又怎能很好地融入社会，为社会带来更好的发展？抑或是父母应该提供新旧共融的教育方法，传授传统美德之余，也培养创新思维能力，让孩子能全面应对社会所需？这实在值得所有父母细思。

一家人在一起的时光无可替代。

# 亲子沟通技巧

### ⋛发挥小领袖的特质⋚

多安排家庭活动，先培养哥哥姐姐的自豪感，同时为弟弟妹妹树立榜样，互相学习。

### ⋛互相道歉⋚

孩子间的冲突来临时，除了互相忍让，无论事情的始末为何，也一定要先互相道歉。父母要帮助他们修补关系，不能偏心。

### ⋛一起看球赛，建立亲子关系⋚

与孩子一起观看球赛，享受热烈的比赛气氛之余，也能感受运动团队的凝聚力，更是建立亲子关系的良好渠道。

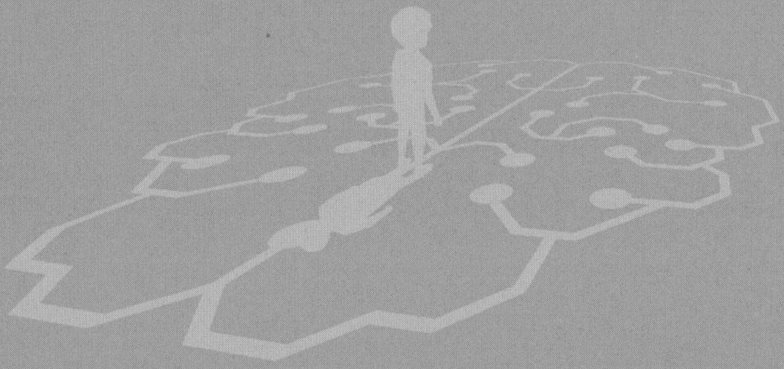

# 02

领路人

培养与科技同行的

商界 | 梁毓伟　张谊　夫妇
育有一个孩子

赋予孩子**获取知识的能力**，

终身学习。

香港青年联会主席梁毓伟与从事环球金融市场行业的太太张谊结婚多年，育有一个2岁的儿子。在儿子出生之前，两人专注于驰骋职场，后来为了儿子，才学会为自己、为家人放慢脚步。这次除了通过联系两人国外留学的成长背景，分享如何培养孩子的国际视野之外，梁毓伟也以自身研发STEAM玩具以及任青年发展公职上的经验为例，分享如何将共情能力应用于未来社会；张谊则以从事金融市场工作的职业妈妈的视角，分析如何通过专业影响亲子教育。

儿子出生后的每个
新年都非常热闹。

## 孩子成为心灵良药

　　梁毓伟除了进入家族运营的龙昌集团工作，也热衷于青年发展事务，受中华人民共和国香港特别行政区政府委任，担任了不少公职，如青年发展委员会委员、香港青年联会主席。张谊则从事节奏急速、瞬息万变的金融行业，每天都要面对股市突发波动的压力，一刻不能松懈。两人都工作繁忙，如何平衡工作及家庭？夫妇二人表示，做父母在第一年最重要的任务是学会时间管理，由只专注自身，转变成凡事以孩子为先。育儿过程看似辛苦，但还是可以做到事业、家庭两兼顾。两人坦言，其实儿子成了他们紧凑的生活中最有效的松弛剂。如果说父母与孩子是互相学习的对象，夫妇二人从2岁儿子身上学到的，是生活与工作的平衡。儿子出生后成了家中的开心果，每次只要听到儿子叫"爸爸、妈妈"，就足以让他们放弃超时工作或是晚上开会的念头，这在从前的拼搏生活中是不可能发生的。关键在于，父母是否能接纳孩子融入自己的生活，而非觉得是额外的负担。

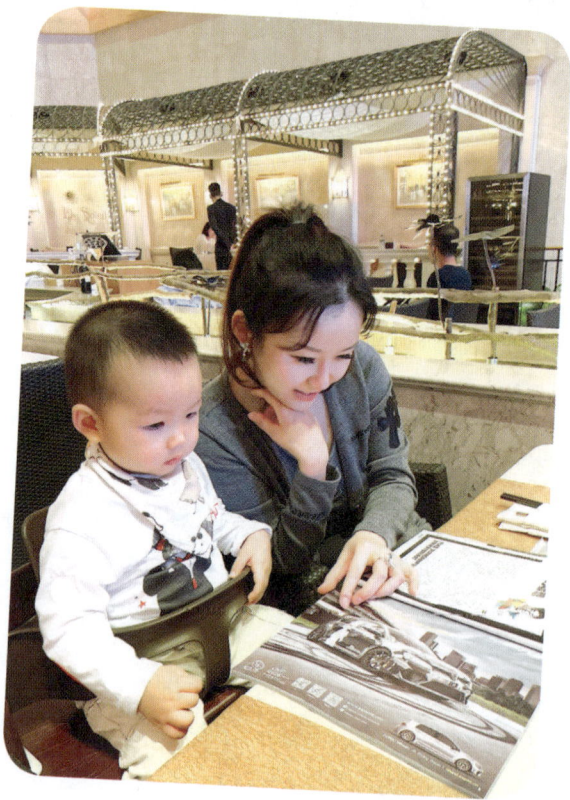

儿子小小年纪，便像个小大人般喜欢看汽车杂志。

## 接受孩子的独特性

夫妇二人分享，让孩子在开放探索的环境中成长，对他们来说也是一大挑战。学术上父母可以依赖学校的专业教育，至于在性格发展上，父母能为孩子做的是尽力了解自己的孩子。看似简单，其难点却在于父母发掘孩子喜好之余，不强加改变。梁毓伟以自己为例，他认为现在就决定2岁儿子的学习方案还言之尚早，倒不如尝试从旁观察他流露的长处及喜好再做决定。

原来儿子年纪小小就有很强的专注力，两人观察到，他在看书时能够持续安静阅读半小时以上，而且看得很仔细，一字一画都喜欢研究。加上他自懂事以来钟情汽车，对轮胎以及各类车型都感兴趣。于是，夫妇二人了解到儿子不是运动或艺术型的性格，而是一个专注力以及组织能力强的孩子。

> 作为父母有责任接收孩子发出的信号，也要愿意接受自己孩子的独特性，无须随波逐流。

另外，当孩子到了适学年龄，家长宜多参与孩子的学习，多与学校老师沟通孩子的需求，通过家校合作，让孩子得到全方位发展。

## 赋予孩子获取知识的能力

儿子的个性，多少遗传了他们的性格色彩。孩子的专注力强，也许是来自从小热爱阅读、学术成就很高的妈妈。张谊十多岁的时候就去了美国留学，大学时期修读数学专业，初次踏入职场，也是在美国。现在回到香港开拓事业的同时也在修读哈佛大学研究生的远程课程。张谊分享，学业成绩出众的原因之一，是她很早就开始阅读。因为内地学制与香港不同，内地学生从小学习拼音，教材上都标注了拼音。她在跟儿子差不多的年纪，已掌握了全套拼音用法，所以认字能力特别强，加上兴趣使然，她很早就养成了阅读的习惯。

她直言，这个学习方法造就了她学业上的一大优势。她寄语父母，对待孩子，要明白"授人以鱼，不如授人以渔"的道理。与其强行灌输，不如教孩子一套终身受用的学习方法，让他在日后的学习道路上，做到不再是强记知识，而是吸收知识。她希望以自身的学习经历教育儿子学会阅读，赋予他获取知识的能力，同时与丈夫一起为他创造发展空间，培养不同特质。

## 教育中融合金融概念

张谊在教育儿子时也经常运用自己的工作经验。举个例子，相比强行要孩子坐着不动，心不在焉地学习几个小时，她宁愿教育孩子如何保持专注，掌握"专心"这门本领。她指出，有两种教育方式最容易教出问题儿童，第一种是父母冷漠、漠不关心，第二种是给予孩子过多关注。当中的平衡，需要靠父母自行调整。

她分享，她每天会花大约一个小时与孩子一起，专心致志只做一件事，而且要把那件事做得最好，用最少的时间获取最好的效果。她笑言，受她自身的金融思维影响，希望能将最大利润化的概念，应用于儿子的学习中。未来她也希望可把自身专业，如风险管理、博弈论等金融概念传授给儿子，不是希望他成为金融奇才，只希望教会儿子融会贯通，把理论应用于生活。夫妇二人，一边因材施教，一边授人以渔，就是他们能给予儿子最好的教育方法。

## 培养孩子解决问题的能力

梁毓伟分享，自己虽然也是从国外留学回来，但没有太太读书厉害。他12岁到英国留学，父母一直给予他足够的自由度，让他在学习阶段独立发展，也支持他去英国工作几年才回香港，打理家族事业。梁毓伟自言自己是"厂佬（工厂工人）出身"，父亲创立的龙昌集团由玩具零件装嵌起家，到今天已经是研发智能玩具的龙头大厂，当中的坚持不懈与解难能力不可或缺。他最希望能够传承给儿子的是解决问题的决心及能力。

> 教育孩子自己解决问题，不等于教他们自负或逞强，而是要他们先行尝试。过程中，让孩子理解自己的底子及实力，认识自身优点及缺点。

梁毓伟认为，让孩子认清自己的水平，是成长中重要的一环。这也是一个让父母引导孩子学会有弱项要虚心学习、有强项也不能骄傲的好机会。因此，即使儿子只有2岁，每当孩子求助时，他也会先教儿子用眼前已有的资源解决问题。除了解难训练外，也培养孩子的抗挫折能力。

### 从生活着手，培养抗逆力

除了忙于龙昌集团的工作，梁毓伟也非常热衷于助力青年发展。他在香港青年联会的工作中接触到不少年轻人，发现这一代的青少年在抗逆及抗压能力方面需要提高，以避免产生太多的负面情绪。心理学专家指出，抗逆力不等于拒绝经历痛苦，这项能力也不是与生俱来的，它需要学习及发展。梁毓伟分享，家长想训练孩子的抗逆力不妨从日常生活中着手。例如，肯定孩子的努力、协助孩子订立短期及长期目标，引导孩子把成功归因于努力、知识和技巧。这样的育儿理念，其实与管理产品制造厂如出一辙，他希望能把这份在管理家族生意中训练出来的能力，传授给儿子，锻炼他拥有坚强的特质以及应付难关的能力。

提到自身的家庭教育，梁毓伟感激父母鼓励他追寻自我，在不同的成长阶段给予有用意见。自小父子俩的相处便如朋友一般，而非由上而下的严肃父子关系。梁毓伟能够向父亲寻求指引，分享困惑，父亲对他的影响尤深，他希望自己与孩子也可以建立同样的关系。张谊笑言，与丈夫一样，母亲是她最好的朋友。在求学阶段，母亲无论多忙，也会在晚饭后和她散步，多年如一。在这每天半小时里，她与母亲建立了深厚的感情。她希望，通过陪伴与儿子也能够拥有这份联结，共同成长。

虽然几代人教育孩子的方式不尽相同，但无论社会怎样变化，与孩子保持有效沟通、互相陪伴，是不二法门。

## 培养自主学习心态

　　梁毓伟家族生意的其中一项是研发供孩子学习STEAM的智能玩具。这个近年的大热潮流，其实是培养孩子的什么能力呢？顾名思义，STEAM代表科学（Science）、技术（Technology）、工程（Engineering）、艺术（Art）和数学（Mathematics）。跟以追求学术成绩为主的传统教育方式不同，STEAM追求的是通过体验学习、动手操作等方式融合跨学科知识联系到现实生活之中。举一个例子，在STEAM教育中，历史科目不再是死记硬背，纸上谈兵，而是有机会结合物理及历史知识，亲手把古代的建筑物（如大桥、城墙

等）造成模型，从中学习历史人物及故事，再引用常识课知识，探讨古人智慧以及基础建设如何影响经济发展。由此可见，STEAM注重培养孩子拥有面对未来的技能及共情能力，能将知识资源转化为自己发展的资本。孩子要适应这种综合学习模式，父母可以重点培养他们的自主学习心态。

梁毓伟分享，科技的另一项好处，是为孩子的教育带来了一个全新的突破。在研发具有STEAM教育功能的玩具时，他会应用自身处理青年事务的经验。当未来社会不再需要只懂"死读书"的人才，父母应该思考如何在一个既定的框架里，给孩子最多元的体验。他以早前参与筹备的一个机械足球比赛为例，孩子可以得到一套建造机器人的器材，在编程及设计配件上，提供了很大的自由度让他们发挥，这正是STEAM提倡的学习精神，开放体验，表达自身想法。

## 在家亲子学习 STEAM

问到父母如何在家中与孩子进行STEAM教育时，梁毓伟表示除了实体的STEAM教学玩具及游戏外，市场上也有很多不同的应用程序及网上平台可供使用，内容包罗万象，除了有大量指引清晰且安全居家的科学小实验教学外，也有航天、地理、博物馆等有趣的学习内容。对于不少父母担心自己知识不足，操作困难，他表示现代人习惯电子产品，各学习工具的使用界面方便简单，即使是教学玩具，说明也很清晰。他说，将来也会物色一些简单的机械车，与儿子一起动手组装，将是一个非常有趣的亲子活动。

## 国际视野在于包容及理解

夫妇二人都接受了西方教育，也有在国外工作的经验。作为父母，对于如何帮助孩子建立国际视野，两人看法一致。父母首先要对何谓国际视野有清晰的理解。

> 到过西方国家读书并不等同"国际化"，反之，国际视野其实是一种思维模式，当中包括愿意接受新事物的程度，是否对不同文化抱有同理及包容的心态，更重要的是，如何在冲突下化解矛盾。

对他们而言，希望可以培养出既拥有优秀的中华传统文化，也能吸收西方文化长处——中西文化融会贯通的孩子。

两人寄语，父母要意识到孩子是自己的镜子，反映出自身思想的阔度。如果希望拓宽孩子的视野，父母需要培养自身的开放态度，并且接受孩子在某方面必然会超越自己，让他们站在父母的肩膀上观望世界。孩子的世界日新月异，吸收力又比成年人强得多，如果遇到一些价值观上的摩擦，父母不宜尝试打压，应以理解来引导他们迈向正确的方向。

## 共情力是孩子的救生圈

夫妇二人相信，不同年代有各自的难题。对于未来世界的想象，他们认为全球化下，人与人的距离将愈来愈近，地域与行业的界限也愈发模糊。孩子的软实力变得相当重要，正如早前提到的抗逆能力、沟通、批判思考及解难能力等。两人笑言，他们没法前瞻到能够准确预测未来，相信这样的软实力在孩子的任何阶段都能成为他们人生强有力的救生圈。

张谊直言，环保将会是未来一个重要议题，她与梁毓伟希望可以尽早教会儿子关注世界，同时注重自身心灵的发展。毕竟未来是科技的世界，不少行业有可能被淘汰，更甚，一不小心会让科技侵蚀了自己的心。两人希望教育孩子明白科技应以人为本，培养他的共情能力，就是给予他一件能与科技同行，并用以贡献社会的保护衣。所以，她非常赞同STEM中加入了A（Art，艺术）这一项，能够培养孩子理解何谓情感。除了技能以外，也教育孩子理解爱与忠诚、伤痛及原谅等情感的概念。夫妇二人感言，不一定期望儿子将来成为一个统领一方的领导人，但希望他可以成为一个富有同理心、关心世界、愿意帮助弱小的"领路人"，为世界作贡献。

# 亲子沟通技巧

### ⟩赋予获取知识的能力⟨

与其强行灌输，不如教孩子一套终身受用的学习方法，让孩子在学习道路上自行获取知识。

### ⟩培养孩子专注力⟨

尝试每天用一个时段与孩子一起专心致志地做一件事，而且要把那件事做得最好。

### ⟩在家学习STEAM⟨

和孩子在家一同做科学小实验，将是个非常有趣的亲子活动。

# 03

# 培养孩子未来软实力

**创意产业界** | 林盛斌　黄乙颐　夫妇
育有四个孩子

在镁光灯下，

六口之家学会共情能力。

在香港演艺圈中，有一个家庭，每当被人提起，通常都是伴随"勇气可嘉""非常热闹"等惊叹。这些人说的是集影视艺人、专业主持、娱乐公司老板于一身的林盛斌与太太黄乙颐一家。他们结婚十多年，目前育有三女一子，分别是13岁的大女儿霏霏、9岁的二女儿熹熹、6岁的三女儿机机，以及4岁的儿子道申。多年来，一家六口被问及最多的问题，是如何养育四个孩子，并维持温馨、愉快的家庭气氛？夫妇二人笑言，当中没有什么秘诀，凭的是对几个孩子付出公平的爱，以及重视身教。夫妇二人分享他们如何把在镁光灯下学会的乐观、包容、解难及抗压等性格特质，灵活应用在亲子教育中，以身作则，建立起一个紧密的大家庭。

## 心态比知识重要

作为四个孩子的妈妈，乙颐认为，虽说希望成为父母是人类的天性，但放诸现在社会，养育下一代有不同压力及考虑，确实需要长远规划，并在心态上做最好的准备。所谓如何当好父母，其实除了边做边学以外，别无他法。现在信息发达，几乎没有网络找不到的信息，但有一件事是无路可循的，就是心理准备，只能由自己建立。对盛斌来说，他内心的那个小男孩，突然一下子要长大了，成为一个爸爸，以前的生活习惯、兴趣及观念都有很大转变。以往的周末他不是应酬，就是外出玩乐，晚睡晚起。孩子出生后，周末的饭局、酒聚上很难再找到盛斌的身影，因为他希望节假日可以神采奕奕地与孩子们共享天伦之乐。乙颐笑言，她亲证了盛斌的转变，成为妈妈后，她也开始明白"养儿一百岁，长忧九十九"的心情。成为父母，心态比知识重要。

说到要成为几个孩子的父母，组织一个大家庭，夫妇二人坦言首要考虑当然是经济状况，生活开支会大大增加在所难免。除了经济条件以外，也要考虑到时间的分配，不能本着有亲人可代为照顾孩子的心态，就不去陪伴孩子。心理准备上，相比起只养育一个孩子，要谨慎得多。亲友经常表示很佩服他们一家六口，两人养育四个孩子，其牺牲是难以想象的。然而，细细一想，其实父母能与孩子同行的时光只有十几年，然后孩子们会长大成人，会有个人想法及追求，慢慢建立起自己的人生。

与其把这段时间视作"牺牲及付出"，不如细思，作为父母，在这段短短的时光里，如何能给予孩子最好的童年，并调整心态享受珍贵的亲子时光。

## 秘诀在于时间管理

盛斌分享道，他的工作忙碌，照顾孩子的重任难免落在太太身上。学习无分年龄，即使是太太，也有自己追求的梦想，有不同的兴趣、爱好。乙颐作为现代女性，示范了作为全职妈妈也可以兼任不同职业。她身兼家庭主妇、香薰治疗师等多职，是名副其实的"斜杠族"（拥有多重职业和身份的人群）。在人生发展的不同阶段，她百忙中也能够做出平衡，安排时间陪伴孩子。除了将日常起居打理妥当外，更有不少亲子相处的温馨时间。盛斌很感谢太太的付出，也有深刻感受，养育孩子是一份负担还是恩赐，全看心态及责任感。

不少朋友表示，养育一个孩子已经够劳累，对于继续生育望而却步。乙颐以亲身经验分享，其实有了第一个孩子的经验，来到第二个或更多个孩子时，会比想象中容易适应，不一定更为手忙脚乱。她建议父母，要相信经验能够带来熟练。此外，照顾多个孩子的关键是在他们的成长过程中做好时间管理。她说，照顾大女儿的时候，因为没有经验，把时间表设计得巨细无遗，却又为了要准确执行而产生巨大压力；生完第四个孩子后，对于如何安排日常照顾活动，可谓驾轻就熟。

## 多了爱，不是分了爱

香港社会生活步伐急速，不少父母在家庭与工作之间难以取得平衡，如果再多照顾几个孩子，确实很难想象如何在有限的时间及资源里，对每个孩子付出持平的爱护及心思。一旦分配不均，孩子之间难免产生摩擦。夫妇二人提出，除了夫妻之间要有足够沟通之外，为将成为姐姐或哥哥的孩子做好事前的心理准备，是培养手足之情的重要基础。以他们的家庭为例，夫妇二人在计划再生育前，会把这想法与孩子们先分享，希望她们会视妹妹或弟弟为一份礼物，而非竞争者。毕竟父母有天终会离场，世界上真正血浓于水的，就只有他们四人了。那份终身陪伴，才是手足之情最深层的意义。

"爱"是一家六口一直能保持温馨相爱的秘诀。

让孩子知道，增加家庭成员是"多"了爱，而非"分"了爱的概念，这是他们一家六口一直能保持温馨相爱的秘诀。夫妇二人表示，借着三个女儿成为姐姐的契机，希望她们学会关爱幼小之余，也能培养出独立、敢于承担的能力。

## 不偏爱任何一个孩子

虽说几个孩子之间情谊深厚，天下间又哪有毫无摩擦的家庭。传统的家庭教育处理手足间的纷争，一般会把矛头指向最年长的孩子。乙颐笑言，平心而论，弟弟妹妹还小，很多时候都是他们无理取闹在先，作为父母，不要因为年纪小而避开不指导。除此之外，她会邀请姐姐们一起教年幼的弟妹，有助于她们把不满及愤怒转化成为手足之情，培养年长孩子照顾弟妹的能力。

他们认为，无论孩子年纪多大，也要奖罚分明，明辨对错，一视同仁。盛斌坦言，不少人认为他们夫妻二人是有计划地"索"得男丁，所以儿子一定是受尽宠爱。但事实上他与太太从来没打算"追"一个儿子，对他而言，每个孩子都值得爱惜。没有偏爱，是他作为父亲的准则。

相信不少人会感到好奇，一家六口关系可以这么亲密，背后可有秘诀？原来有一项看似严厉，但其实充满温馨的家规。他们饭桌上有一项规矩，名叫"饭桌上没有手机"。香港人习惯"机不离手"，不少家庭在饭桌上，也是各自看手机，缺乏沟通。然而，盛斌一家人吃饭时习惯交换生活点滴，分享喜怒哀乐。夫妇二人自小教导孩子遵守这项家规。

> 同桌吃饭是家庭时间，一天的生活中大家各有各忙，唯独是这一小段时光可以全家一聚，所以不准边吃边玩手机。一张饭桌，是一家人爱的联结之地，这项家规持之有效。

## 了解孩子的独特性

亲子教育对很多父母来说，就是在孩子如同白纸的阶段，教导他们使用不同的颜料，日后为自己的人生，涂出不一样的色彩。然而，人生的颜料固然是多姿多彩，选择万千，但作为父母又可曾想过，其实纸质也有很多不同种类。这里说的纸质，就是孩子的自身独特性。

盛斌夫妇笑言，他们家四个年龄不同、性格各异的孩子，就像电影《复仇者联盟》一样，每个角色都能独当一面，各具优点。两人形容大女儿霏霏性格就像"钢铁侠"具备领导才能，性格又如变色龙，适应能力很强，唯说到她要深耕一种兴趣，还需要多点时间锻炼；二女儿熹熹则像"黑寡妇"般心思细密，性格较为慢热，凡事专心专注，需要父母给予耐心，细心发掘，定能发光发热；三女儿机机，盛斌笑言她是"变形侠医"，脾气火爆起来不易应付，较为执着，这既是优点也是缺点，让她过于追求完美，有时辛苦了自己；至于儿子道申，则像稚气未除的"蜘蛛侠"，很是可爱，性格外向的他，同时很会保护身边的人，小小年纪却很要面子，"吃软不吃硬"。夫妇二人对四个孩子的性格如此了解，就是希望可以帮助每个孩子找到属于自己的道路。

他们不会过于管教孩子，而是让他们组织自己的交流系统及相处模式，父母只需从旁观察，在他们有言语冲突或肢体冲撞时才介入处理。在这样的教育下，大女儿不但能够处理弟妹间的纷争，更会当起"和事佬"，化解孩子间的矛盾。这反映了孩子确实会模仿父母的处事手法，从而应用到其他冲突环境之中，父母做的榜样，对孩子建立人际关系的影响深远。

### 赞美教育，鼓励探索

跟所有父母一样，夫妇二人在第一个女儿出生时，很醉心研究不同的教育方法。对盛斌影响最深的是一个从前

任何表演都不及自家孩子的合唱有趣，看惯了表演的盛斌也乐在其中。

由他统筹的电台节目，名叫《爸爸妈妈坐下来》。当中邀请了各界名人来向父母们分享育儿心得，内容非常精彩实用，让他印象最深刻的是学会如何赞美孩子。这是他们一家六口和谐相处的基石，他与太太更会毫不吝啬地表达夸张的赞美，旁人看了大概会发笑。他笑着表示，这样做不是希望他们骄傲自满，而是希望通过嘉许，让他们感到纯粹的快乐及被爱的感觉。

其实赞美这个概念，也可以应用于引导孩子如何面对挫折。当发现孩子的表现未达标准，乙颐反倒会欣赏孩子努力的过程，再与孩子一同探索进步的可能性，而非先行责骂，只注重结果。也许东方传统的教育文化偏向严厉，父母在孩子面前要具有权威性，未必习惯表达亲切情感，陷入了觉得孩子"理应"表现良好的误区，又或者只愿给予有条件的赞美。乙颐分享，她注重鼓励孩子们即使在功课上有不懂，也不能留空，答错了不要紧，至少还能够改正，但放弃了就等于失去了一个学习机会，其赞赏及鼓励的举动，有助于孩子明白在过程中努力的重要性。

## 言传身教是不二法门

说到要培养孩子解难、协调、多角度思考等软实力，夫妇二人认为，身教是不二法门。所谓身教，是父母以身作则，为孩子示范待人处事的方式。不少教育专家也强调，孩子通过观察至亲的行为，尤其是父母，以进行模仿，从而建立不同的行为模式及价值观。辨别一个行为的对错，是源自其他人对这件事的反应，例如行为所获得的奖励及惩罚等，从中学习适当的社交行为，融入群体，慢慢发展成为社会的一员。如果父母言传身教优良，孩子就能培养出良好的性格特质，如友善、尽责、正直及灵活变通等。以夫妇二人为例，他们最能给予的身教就是沟通。父母之间、父母与兄弟姐妹之间的沟通协调，都是孩子们成长的养分。

盛斌还说，孩子们的性格正面乐观，可能与父母在日常生活中经常带动他们的正面情绪有关。即使是再平常的活动，夫妇二人也经常以充满童真的方式，跟几个孩子一起热烈期待，保持对生活的热情。例如，去沙滩找停车位时，也以动用全家"意念"祈求有空余车位的方式，与孩子一起享受分秒欢乐。他笑言，主持人的工作是带动现场气氛，众人眼中，他自然是开心果。最让他感动的是有一次看到当时只有6岁的二女儿，在作业中形容爸爸是个很开心的人，在他身上，她学会了何谓快乐。盛斌窝心地分享，他能成为孩子专属的开心果，是他一生中最大的成就。所以，父母言传身教的力量，绝对不能被轻视。

## 学会对自己的人生负责

盛斌事业上的成功，令他们一家被认定为环境优裕、物质丰富的家庭。四个孩子又是否属于可以"啃老"的一代？夫妇二人对此都有明确共识，对于孩子的未来，作为父母，只会负责养育至成年，便功成身退。盛斌表示，所幸他们能够给予孩子一个舒适自在的成长环境，但绝不会提倡过分优厚的物质生活。盛斌及太太也认为，培养孩子全面发展，给予将来立足社会的能力后，孩子往后的人生规划，如置业、创业等要靠他们自己努力争取，要对自己

的人生负起责任。至于对孩子的期望，两人坦言希望可以
培养孩子成为正直、有责任感及快乐的人。女儿们能一
展所长之余，也能找到真心爱护她们的人；至于儿子，可
能受到父母辈影响，盛斌期望儿子可以坚强、勇敢、有担
当，将来负起照顾家人的责任。

## 无论顺逆，陪伴彼此

未来社会的竞争将会愈来愈激烈，面对孩子的未
来，盛斌认为，培养他们持有包容的心最为重要。他以
自身经验分享，身为公众人物，受到观众喜爱，他当然
感恩。但每当批评来袭，尤其是网络攻击，往往不甚友
善，而且颇为伤人。

他分享，偶有网友在女儿们的社交平台上留下负面留
言，女儿不但没有介怀，还处处维护父母，冷静地表达她对
父母的爱。对此，夫妇二人尤其感动。他们感慨，成年人
的世界较多算计，一言一行，有时未必真诚真挚，反观女儿
在这个年纪，已有如此包容及体谅的度量，着实非常难得。
夫妇二人希望，四个孩子在未来的成长路上，能一直保持坚
强、乐观、尊重、包容的特质，无论遇到任何挫折、伤害、
失败，他们可以一直陪伴彼此，快乐成长。给孩子一个这样
的家，让他们未来不惧前行，回头一定有人在身后支持，大
概就是盛斌和乙颐夫妇二人能给予孩子的"最好"。

希望在未来的路上，四个孩子一直陪伴彼此，快乐成长。

# 亲子沟通技巧

### ⫸邀请孩子教育弟妹⫷

遇到兄弟姐妹产生纷争时，请年长的孩子帮忙分析处理，有助于把不满及愤怒转化成为亲情联结，并培养年长孩子照顾他人的能力。

### ⫸饭桌上没有手机⫷

同桌吃饭是家庭时间，一天的生活中大家各有各忙，唯独是这段时光可以全家一聚，不准边吃饭边玩手机。饭桌是一家人爱的联结之地。

### ⫸培育正面的性格⫷

即使是再平常的活动，父母也可以以充满童真的方式，跟孩子一起热烈期待，带动孩子的正面情绪。

# 04

## 培养孩子直面失败的勇气

体育界｜李小鹏　李安琪　夫妇

育有两个孩子

孩子的**九十九次失败**后，

就是成功。

　　人称"体操王子"的前中国体操运动员李小鹏与太太李安琪结婚11年，两人的爱情故事成为一时佳话。现育有两个孩子，分别是9岁的女儿李馨琪以及5岁的儿子李明泰。两人的成长背景可谓是迥然不同，李小鹏从小到大都是严守纪律的运动员，安琪则是受西方教育长大的。但两人在教育孩子的理念上，却是一拍即合。"教会他们不怕跌倒，就是我们作为父母所能给予的最好教育了。"说的是爸爸作为运动员的珍贵传承，也是妈妈让孩子学会坚持的最佳教育方法。要成为一对合格的父母确实不易，除了要有责任心以外，当父母的不只是把孩子抚养长大，还要教育他们成为一个好人。同时作为父母要做好终身学习的心理准备。

## 尊重孩子的独特性，与孩子一同学习

自从当了妈妈，安琪每分每秒都在学习新事物。在陪伴孩子学习的过程中，他们学会了如何分工合作，爸爸负责辅导中文，妈妈则重点辅导英语及其他科目。随着女儿日渐成长，兴趣增多，她也开始接触不同的课外活动，女儿爱上花样滑冰，夫妇二人立即到处了解相关信息，迫不及待与女儿分享新的兴趣。他们会给予充足空间，让孩子自由选择，不会强行安排。他们还会从旁观察孩子的性格，提出合适的建议，并让孩子决定要不要让他们陪伴在侧。作为父母，与其花费心神为孩子安排一星期的课外活动，倒不如耐心地分析孩子的特质，为他们推荐各项合适的兴趣活动。

小鹏和安琪一直相信，每一个人都有其独特性，对于人生有不同的诠释。成功也好，快乐也罢，其意义不可能一概而论。同样，教育孩子不可能只沿用一套法则，不能看到别的孩子成功，就把别人的经验硬加在自己的孩子身上。即使是姐弟二人，两个孩子的性格也截然不同。

小鹏和安琪笑言，他们姐弟二人真的是太不同了。女儿聪明认真，做起事来努力踏实，对于不明白的事，一定会寻根究底弄个明白。安琪笑说，别看她小小年纪，这个小女孩心思细腻，情感丰富。这种既认真又感性的性格，让她对周围事物很敏感。两母女经常一聊天就是两个多小时，安琪感谢女儿总是愿意让他们走进她的小世界。然而，当女儿感到伤心时，父母会先让她处理情绪，冷静过后，才慢慢了解她的想法。儿子机灵但又调皮很多，做事总是又急又快，不像姐姐般认真，总是爱耍小聪明。虽然他活泼好动又贪玩，却知分寸，懂得知足。

面对两个性格各异的孩子，李氏夫妇经常提醒自己，除了要照顾他们的不同，也需公正持平。他们对两个孩子定下相同的规则，绝不厚此薄彼。幸好姐弟二人各有特点，生活处处充满精彩及欢笑。

## 信任孩子的成长步伐

说到在亲子教育上的心得，夫妇二人认为，就算父母期望再高，事实上，孩子的成长及发展是一个终身的过程，即使这一刻为孩子画出一个"完美蓝图"，也不一定切合他的将来。安琪分享经验，她跟小鹏从来没有设定期望，唯一希望是能陪伴孩子走过每一段路，并以孩子自身的性格及需要作为基础，而不是把期望强加在孩子身上，又或是盲目顾及和接收社会的各种眼光及价值观。两人笑言，原来放手尝试，让孩子在成长路上尽情地探索自己，会发现孩子是真的有能力找到自己的前进方向。

有些父母比较在意孩子的成长进度，到了某阶段还未学会某种技能，或者没有达到理想程度，就会担心他们是否有学习障碍，甚至担心孩子的人生进度会落后于别人。以女儿为例，当时女儿还未满一岁，身边不少朋友会问："你的女儿还没有学会走路吗？我的孩子在八至九个月大已学会了！"作为父母的他们虽然那一刻难受，但仍提醒自己，我们的孩子只是进度不同，不等于不正常。他们深信，只要女儿准备好了，愿意尝试了，她自然能学会。

对一个不足一岁的孩子如此信任，旁人也许觉得匪夷所思，但小鹏和安琪都愿意相信孩子，一路坚持陪伴在侧，绝不会只顾拉着她向前冲。结果，女儿在一个月后便成功踏出人生的第一步，见证这珍贵一刻后，更让夫妻二人坚定自己的信念，不要把目光及心思全花在与别人的孩子比较上，而是该专注了解自己的孩子。

## 找出育儿理念共通点

小鹏作为前国家金牌体操选手，6岁便进入体操学校进行训练，童年过的是与队友一起征战体坛的团队生活，由训练到成为奥运选手参加比赛，从小培养的是

只要孩子准备好了，愿意尝
试了，自然能学会。父母希望能
陪伴孩子走过每一段路。

坚忍与耐力。他的童年是在有着严格的运动员规律的生活中度过，每天凌晨五点起床，训练、吃饭、上课、训练，纪律严明。他坦言，这样的成长环境，除了帮助他成为出色的体操选手，对于自己教育孩子的方法，也有些许影响。

他分享，即使"规则"伴随了他半个人生，但慢慢经历多了，发现有时突破框架，才会看见更多可能性，他希望可以把这些想法应用在教育孩子上。

> 在让孩子自由发展的前提下，有一些规则一定要遵守，如作息时间安排及合理安排游戏时间、遵守时间、认真做功课等。但不会强迫他们达到所有人的期望，让孩子可以跟随自己的意愿，一步步成长。

作为美籍华侨，安琪从小在美国长大，跟父母及妹妹一起生活。不同于从小离开家人的丈夫，她拥有愉快且充满关爱的家庭生活。两人有着如此不同的成长环境，对于培养他们的下一代，却有着完全相同的理念：就是给孩子们一个愉快、自主的童年。

可以建立如此契合的共识，其实是夫妇二人在计划生育孩子之前，就对育儿方法进行了彻底的沟通。他们坦言，两人各自拥有不同的价值观及文化背景，共同组织家庭时，对于家庭的定义自然不同。双方需找出彼此的共通点，不要怕有争端而逃避问题。比如，安琪的童年轻松、快乐，小鹏则自律、克制。两人彼此让步妥协，认同孩子在有规有矩的同时也要享受人生。夫妇二人甜蜜地分享，在与孩子共同成长的漫漫岁月里，他们永远是最佳拍档，也是最佳战友。

## "错误很好"，容许失败

容许孩子出错，是他们其中一个重要的教育理念。如果孩子不从错误中学习，他们如何学会进步，发展成更好的人？夫妇二人坦言，总有一天父母会从孩子的生活中退场，不能一辈子待在他们身边。只要在适当的时候扶他们一把就好了，不应该强行把自己的思想及做法加诸在他们身上。当面对孩子坚持己见，夫妇二人也会放手，让他们尝试。当孩子尝到失败，自会明白失落及沮丧也是有益的，犯错是容许的，因为能够从失败中学习，吸取教训，化成更大的成长动力。

说到失败，对从小就是运动员的小鹏来说，可以说是"老朋友"了。从一名小男孩，到成功登上奥运会的金牌颁奖台，当中经历过多少次的失误、跌倒及伤痛，才能成就一个完美的体操动作可想而知。两人分享，女

↑ 夫妇两人永远是最佳拍档，也是最佳战友。

儿喜爱花样滑冰，每当看到她在冰场上跌倒，心痛之余，心中其实十分高兴。因为在训练场上，女儿只能靠自己重新站起来，从中学到的毅力及坚持，是无价的经验。有一次女儿在花样滑冰比赛上因为太紧张而出现失误，赛后她非常伤心，夫妻二人借机教育女儿"跌倒"的可贵。小鹏跟女儿分享自己作为运动员的心路历程，跟她解释"紧张是因为重视"。女儿听后明白了，针对自己的弱点进行更努力的练习。

> 一个人的成功，来自即使经历了九十九次失败后，也不甘放弃的坚持。

## 以科技教育孩子

来到这个"一人一机"的年代，要避开电子产品，几乎是不可能的事。对于大部分父母而言，如何在教导孩子和使用电子产品之间达成平衡，是一大烦恼。小鹏和安琪认为，不应该一刀切地严禁小孩接触电子产品，毕竟电子科技是未来社会发展的大趋势，大数据、编程、人工智能等技术是未来发展的重要推动力，需要孩子掌握一定的相关知识。不过，他们建议，父母可以考

父母与孩子一起从运动中学到的毅力及坚持，是无价的经验。

虑把电子科技应用在教育方法中。平板电脑如果应用得宜，是一个功能很强大的教学工具，他们经常为孩子物色不同的教学应用软件及电子书。

即使是父母，也可能会遇上不懂的领域，安琪坦言自己数学不好，需要寻求协助，线上学习正是利用科技的最好时机。

学习的关键是对知识保持感兴趣，而游戏学习正是把知识以一个有趣的方式呈现给孩子，学习不再是"背死书"，而是"动手学"。父母不妨物色各类有趣的应用软件，寓学习于游戏中。

## 给自由空间也要定规矩

之前在新冠肺炎疫情反复的情况下，"停课不停学"成了最新教育趋势，无论是家长、孩子还是教师，都要懂得应用线上学习。安琪分享，经历了整年几乎只用Zoom（云视频会议软件）上课，最大的感受就是父母的角色突然被逼进化了，以往教学的责任在学校，自从在家学习后，父母也当起老师，与小孩一起学习，协助他们紧跟课程进度。对很多父母来说，在家学习引申出了一个全新问题，就是以往上学时，学校时间表已为孩子规划了学习和休息时间，回到家即使会温习，也明确划分了早上学习、下午休息的作息安排。在家学习让这界线变得模糊，孩子有时会在Zoom上完网课后，便闹着要玩耍。

夫妇二人为此特别分享了一个教育方法，父母为孩子建立一个框架，"框边"是一个限制。举个例子，星期一至五定为学习时间，不能看动画片，但周末孩子可以任意选择看什么节目，甚至可以选择看电影，姐弟须自行商讨达成共识，爸妈不会为两人作主。

在一个框架里，让孩子理解设立限制的原因，同时提供空间给孩子做自主选择。用此教育方法，让孩子放手发展自我之余，也懂得遵守规则的重要。

　　新冠肺炎疫情期间，教学重任多少落在了父母身上，也证明了线上学习的重要性，为了应付不可预期的挑战，父母应该及早习惯线上学习。安琪建议，家长不妨多交换不同的线上学习信息，分享意见及经验，建立紧密的分享网络，携手应付不同的社会挑战。电子产品的普及，也为父母与孩子提供了一个良好的沟通机会。

　　小鹏与安琪分享，父母可以尝试与孩子订立一个小协议，让孩子以温习或做功课的时间，换取同等或较少的电子产品使用时间，期间他们可以按自己喜好看影片或玩小游戏。父母与孩子之间除了建立一个互信基础之外，也可控制他们使用电子产品的时间，更能教会他们培养自己的责任感。

## 学会珍惜，回馈社会

　　说到有什么"最好"的可以给予孩子们，相比起生活富裕、成功人生等世俗指标，小鹏与安琪认为，能有足够吃喝已很好了。这样一个看似基本的条件背后，其实是他们希望孩子学到人生中最重要的一课，就是"珍惜"。小鹏分享，小时候家里并不富裕，有饱饭吃、有受教育机会就很幸福。时代进步，物质享受变得触手可及，让孩子们懂得知足和感恩，长大后可以踏实地寻找及创造自己的人生，这也许是他们作为父母，所能给予的"最好"了。安琪希望孩子明白，他们一家是幸运的，生活幸福，如果日后有机会，必定要回馈社会，为世界作贡献。

新时代下的世界瞬息万变，巨变往往发生在眨眼之间，无人能料，新冠肺炎疫情的出现就是例子。对于孩子们将来会面临的挑战，夫妇二人认为应该要用知识好好装备孩子，鼓励他们不断学习。两人以全球变暖为例，猜测下一代可能会面对粮食短缺、气候变化等严峻挑战，教育成为获取知识培养能力最重要的渠道。父母应该尽量为孩子们提供最好的受教育机会，让孩子有机会为自己、为社会做最好的选择。他们笑说，现在儿子每天"教育"他们注意环保，不准他们乱用塑料制品。对小鹏及安琪来说，一家人能够一直互相学习，就是最好的亲子教育了。

# 亲子沟通技巧

### 不必太在意学习进度

孩子学习进度各有不同，孩子准备好了，愿意尝试了，自然能学会。

### 容许孩子出错

当孩子尝到失败，自会明白失落及沮丧也是有益的，犯错是容许的。因为能够从失败中学习，吸取教训，化成更大的成长动力。

### 订立游戏温习协议

父母可以尝试与孩子订立一个小协议，让孩子以温习或做功课的时间，换取同等或较少的电子产品使用时间。父母与孩子之间除了建立一个互信基础之外，也可控制孩子使用电子产品的时间。

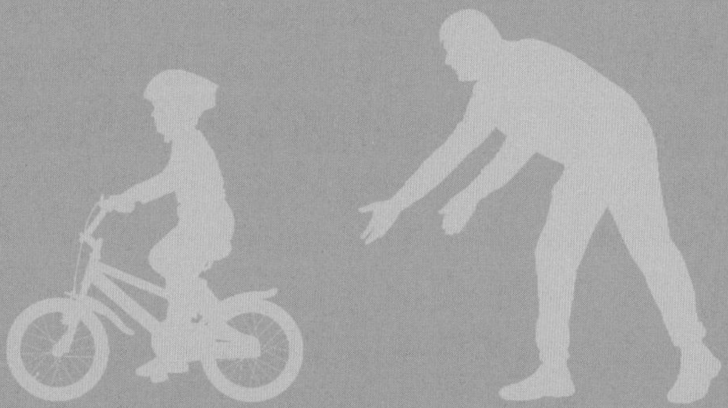

# 05

## 培养孩子勇于尝试的精神

**体育界** | 黄金宝　谢安琪　夫妇
育有一个孩子

父母最希望传承给儿子的，

是运动员无惧追梦的精神。

前香港自行车代表队运动员黄金宝与太太谢安琪结婚多年。说到亲子教育，黄金宝与太太笑言他们不是专家，但与天下的新手父母一样，希望与儿子一同成长。现在儿子已踏入小学阶段，相比起培养不同技能及兴趣，夫妇二人比较看重儿子的性格发展。曾披上代表自行车车坛上最高荣誉的"彩虹战衣"的黄金宝，从6岁开始便在自行车上努力不懈，风驰多年，他最希望传承给儿子的是运动员的那份无惧追梦的精神。他还希望以自身专业，加上体育推广的经验，向其他新手父母分享如何通过运动，协助孩子开拓人生道路。

↑ 儿子兴趣多多，性格好动，喜欢和爸爸一起接触各种运动。

　　说到儿子，黄金宝夫妇形容他的性格比较害羞，夫妇二人亲自照顾孩子，孩子性情自然与他们相近，儿子带点慢热的安静个性，像极了爸爸妈妈。太太安琪温文有礼，想不到的是，曾经是驰骋赛场的自行车健将的黄金宝，在家中原来是个内敛温和的爸爸。儿子接触运动后，性格开始活跃起来，喜欢接触各种户外活动，如打网球、骑自行车等。夫妇二人说，他们最期望的不是儿子成为出色的运动员，而是希望运动能为他的成长带来良好改变。

## 学会等待，延迟满足

对于儿子的学业，夫妇二人虽没有设定太高期望，但也希望儿子学会订立目标，达不达标是其次，过程中培养的责任感才最重要。因为黄金宝曾是全职运动员，又当过香港自行车队的教练，深深明白要成就一件事，没有比一百分的热爱更为有效的灵药。所以他从不催促，相信只要儿子是真心喜欢，就一定能练出成绩。

对于儿子，他没有制订严谨的训练计划，更多的是观察他的喜好及天分所在，从而加以发掘。儿子兴趣多元，爱好网球，还想尝试击剑及武术。

有时遇上儿子要求很多，黄金宝夫妇二人会使用"延迟满足"的方法，要儿子经历等待，让儿子在过程中思考该如何以付出换取收获，从而学会珍惜。举个有趣的例子，儿子爱上"爆丸"陀螺，来年更想参加比赛，他向父母表示想买最新型号的陀螺，于是黄金宝抓紧机会，向他开出一个小小交易，一是现在拥有但要一年后用此型号来参赛；二是等到下一年比赛时再买一个最新的型号。儿子思考过后，最后选择等待，到自己有实际需要时才拥有。

> 若遇到小孩的要求很多，与其直接拒绝，不如提供不同选项，让他自行选择，不需要强迫孩子依从。

## 在运动实战中学会怎样输

说到父母之间的分工合作，黄金宝由一线转战到幕后进行体育的推广工作。他坦言在家的时间较少，儿子与学校之间的沟通、日常学习等都交由太太打理。他会特别抽出时间，以"运动实战"教导儿子什么是坚持。在亲子自行车比赛中两人互有输赢。过程中他领悟到，儿子在骑自行车时跌倒，未学会重新站起来之前，父母要先学会放手，让孩子感受失败，有时他甚至会刻意让儿子输。从中，父母除了能够直接观察孩子看待输赢的态度，也可引导他们正面看待事情，一起思考，改善不足之处；鼓励孩子分享失落，陪伴他们勇敢再试。

太太安琪笑说，运动就不是她的强项了，她用得最多的教育方法就是游戏。儿子爱玩又好动，夫妇二人几经思量，还是不愿意强迫儿子。不希望他小小年纪就要被灌输大量的学科知识，既然他爱玩，就尝试以游戏融入学习。她建议其他家长也可搜罗一些互动游戏中的工作纸、学习包等工具，在家中简单地跟随课程设计，与小孩子通过游戏学习，从中训练亲子相处的技巧。

## 走进孩子的内心世界

很多父母都会热衷于为孩子报各种兴趣班，唯恐他

▲爸爸是孩子心中的
"Super hero"（超级
英雄）！

们未来不够竞争力，却往往忽略了作为父母也有属于自己的课程。在孩子出生前，父母可以做好准备，先行研究不同的教育方法、如何培养亲子关系、夫妇对身教心态是否有共识等，对之后的育儿发展会有很大帮助。要谨记这也是父母的一场终身成长之旅，才能为孩子提供最合适的教育。

回想祖父母辈的年代，生活艰难，很多家庭但求两餐温饱，唯一愿望，就是希望孩子有吃的、穿的。祖父母辈所培养的是吃苦耐劳的精神。

时代在进步，未来社会要求孩子具备的不再只是求生技能，而是全面发展，拥有既创新又灵活的特质。

作为这一代的父母，要学习的东西有时比孩子还多。太太安琪分享，幸好孩子的学校提供了不少课程及讲座，她这才发现，原来现在要有效地与孩子沟通，不能再像自己的父母般，以家长权威的方式下达要求，而是更注重如何走入孩子的内心世界，平等对话。

不少学术研究也指出，未来的人才需要具备四大关键才能，分别是批判性思考、沟通协调、创意思维、合作及解难能力。要培养孩子拥有以上能力以应付未来的全面信息化时代。聪明、天分等既定特质已没有以前那般被看重，反而是情绪商数即EQ的发展更为重要；还有AQ，即适应性商数，指数愈高代表孩子处理困难及灵活变通的能力愈强。太太安琪相信所有父母都一样，到了某一刻，总要放手让孩子自由翱翔。她笑言这方面的发展重任会交给儿子的父亲决定，毕竟在他漫长的运动员经历中，困难常有，多年训练下来的坚毅精神可以传授给儿子，培养他解决困难的关键特质。

## 学业与兴趣，双轨并行

黄金宝回想自己小时候不爱读书，一心投入热爱的自行车运动之中，到后来才重返校园，放诸现代社会，可谓颠覆了主流的社会标准。自己有此经历，所以他也不要求儿子要成为完美典范。太太安琪也笑言，身为成年人的我们，也未必符合现今社会所谓"成功"的标准，更不必论及小朋友。相比起成功本身，夫妇二人最希望给他的是一个能创造成功的机会，把不可能变成可能，也就是切切实实的运动员精神。

黄金宝自小家境并不富裕，典型的普通家庭。父母为了养活孩子而辛劳工作，无暇顾及黄金宝的性格发展。对当时的黄金宝来说，却能一尝自由的滋味，可以趁机选择自己想走的路。踏入18岁时，他已然是一位自行车健将，在继续升学与成为全职运动员之间，他选择了后者。当时已读大学的姐姐为他做过风险分析，黄金宝是家中最小的孩子，运动上又渐有成绩，所以父母就让他追求理想。黄金宝至今仍教导儿子，生活只是起居饮食，生命却拥有热情及梦想。

黄金宝坦言，当时选择放弃学业，承受的风险确实很高。有了自身经验，夫妇二人希望儿子能够双线发展，除了具备基础能力，如掌握两文（中文、英文）三语（粤语、普通话及英语）、学科知识之外，也应具备积极、创新、接受失败及勇于尝试的性格特质。自己荣升爸爸后才体会到当年父母的忧心，因此，他寄语家长必须保持耐性，孩子追梦是漫长的过程，所以其坚毅才显得珍贵。

## 让孩子相信眼前有路

如今社会竞争激烈，父母能在足够的经济条件下为孩子铺设康庄大道固然好，但如果真有一个现象名叫"赢在起跑线"，那么一些较为普通的家庭，又可有机会另辟一条新的跑道？黄金宝作为前全职运动员，现在转战幕后，在中国香港体育协会暨奥林匹克委员会（港协暨奥委会）旗下的一间非营利机构中负责向普通家庭推广体育。在机构工作中，他向家庭有经济困难的父母倡导一个重要信息：如果贫穷无可避免地限制想象，唯一能够打破困局的，是不要拒绝尝试，正如夫妇二人希望儿子拥有的是善于抓住机会的能力。

他建议，父母可以主动为孩子安排社会资源，如香港有不少优质的运动场、小区中心、康乐设施等。对于黄金宝来说，以运动来帮助贫困家庭的孩子促进人生发展是比较有效的方法。运动提倡的价值是在比赛场上，不分出身，人人平等，成功条件只有一个：台下十年功。运动教会孩子梦想不怕远大，要成为出色的运动员，要经历很多步骤，训练、学习、拟定比赛策略等，但对比起教练的思维，黄金宝更想做的不只是培养出色的运动健儿，而是希望借此培养社会经济地位较弱的学生具备运动员精神，相信眼前有路，抬头挺胸地奋斗下去。

当然，父母参与孩子的兴趣，能让亲子沟通更为有效，而沟通的艺术在于时机。亲子运动的意义在于，运动场上父母与孩子亦敌亦友，公平竞争，赛后抓紧时机分享各自想法，情绪更能自然流露。

儿子特别享受与爸爸一起运动的过程，因为在快乐、信任及平等的相处之中建立的亲子关系，不是一般的做功课可以建立的。再者，黄金宝认为有些特定的性格素质，如纪律、合作、准时、限时完成目标等，通过一般的教育方法未必能训练有效，而运动可以提供方向性的训练，事半功倍。

## 支持孩子追求梦想

在黄金宝的工作中，经常被问到一个问题：如果孩子希望成为运动员，父母应该如何应对？"梦想"两字，有时很可怕。父母会害怕孩子谈理想、谈追梦，是担心他们最后只是热血一场，牺牲了前途，无以为继；当孩子的，追梦犹如赌博，虽说搏尽无悔，但如果搏尽全力后，还是寂寂无闻，那怎么办？或者当梦想成真，又是否承受得住站在顶峰的压力？

黄金宝在面对这个问题时，一般他会反问家长一个问题：如果不让孩子选择运动，是否就能保证他们前途一片光明？答案如果是"不"，那为何不让他们有机会走上另一条不同的跑道，把成就建立于热情之上？

他寄语各位父母，运动就如一把钥匙，孩子拿着它去打开"港队之门"也好，走入一般团队也罢，父母要思考的，是教他们如何全力以赴，好好发挥这份才能。所有方式背后的最终理念，既不是放任，也不是阻止，而是父母由衷的支持。黄金宝表示，一个运动员的诞生和成长，父母是否赋予他成功的因素很重要，运动靠的是三分天分，七分努力，长时间的训练是必要的，为人父母应该信任孩子，放手让他们尽全力发挥。科学研究证明，运动不一定会耽误读书，反而能产生正面影响。

他在儿子身上也体验到，运动真的有助于提高专注力及促进亲子之间的沟通。

### 随孩子手中地图而行

亲子关系也是孩子健康成长的重要因素。如果父母和孩子在前途的看法上有分歧，硬碰只会损害彼此关系。不妨尝试每当分歧发生时，父母主动平复心情，试试以理说道，让孩子明白凡事都有讨论空间，习惯换位思考。请父母细思，如果孩子将来成功了，但与你了无关系；又或者孩子终于放弃自己的理想，但后悔终生，这样的牺牲是否真的值得？

父母也可做好后备计划，如果孩子有意发展运动技能，"双线平衡发展"就显得尤为重要。香港不少运动员就能做到既兼顾学业又平衡生活，如"牛下女车神"李慧诗和"女飞鱼"欧铠淳等。

孩子选择追求理想，无论是运动还是其他兴趣，父母应该通过正面引导，因材施教，让他们在自己的跑道上追求成功，而不是强行挤在一条大众起跑线上，这样才能保持孩子的可塑性。

之前在新冠肺炎疫情期间，不少父母面临要把家变

成小课室的情况，遇到的困难不少。有的孩子因太过放松，心散了；有些父母则过分紧张，把在家学习的时间拉长，变相催促孩子学习。在家工作的父母更为烦恼，要一边照顾孩子一边专心工作，这段足不出户的日子，对很多家庭来说影响深远。黄金宝夫妇在这段时间感受最深的，是觉得平衡孩子的学习与生活十分重要。

为儿子计划学习时间表时，父母需要格外注意，不要因为儿子在家学习而剥夺了他的休息时间，一定要给予足够而合理的空间及自由，同时不忘疏导儿子对于未能与同学见面的郁闷。这段时间全凭与其他父母一起商量应对，交流信息，才不至于太过无助。

作为运动员，黄金宝固然感谢父母赐予的天赋，然而，他与太太也深信，作为父母，必须谨记这份与生俱来的礼物，在孩子的成长过程中，需要亲子同行，一同发掘孩子的天赋。

育儿如同寻宝，父母是枚指南针，一路上提供方向，至于宝藏的地图，其实该交回孩子手中，让他自行探索。无论结果如何，父母也不离不弃。陪伴，就是父母所能给予孩子最好的礼物。

要培育孩子融入社会，相比起过分溺爱、事事保护，不如跌倒后站起，在跌跌撞撞中学习来得有效。

# 亲子沟通技巧

### ⋧尝试延迟满足⋦

要孩子经历等待，让孩子在过程中思考该如何以付出换取收获，学会珍惜。

### ⋧让孩子感受失败⋦

父母除了能够直接观察孩子看待输赢的态度，也可引导孩子正面看待事情，一起思考，改善不足之处，陪伴他们勇敢再试。

### ⋧多参加亲子运动⋦

在运动场上父母与孩子亦敌亦友，公平竞争，赛后抓紧时机分享想法，往往交流更深。

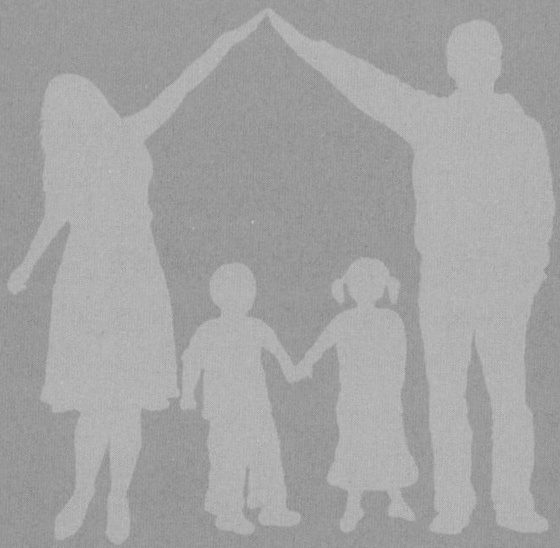

06

培养孩子的专业和专注精神

医护界 | 任俊彦 纪彩霞 夫妇
育有两个孩子

巩固"专业知识",

让孩子拥有选择的权利。

　　私人执业医生任俊彦，与同是医护界的精神科护士纪彩霞结婚多年，育有两个儿子，分别是12岁和8岁。太太纪彩霞是一名注册护士，也是一位全职妈妈，在儿子学校家教会工作以陪伴孩子，她以做精神科护士的经验分享在病房学到的能与孩子有效相处的技巧。任俊彦作为"四专"之一的专业医生，则从医学角度分享，未来人类环境及社会需求会发生什么变化，尤其是对于专业的定义，是否会从此改变？

# 儿童发展黄金阶段

父母要照顾小孩同时兼顾赚钱养家，谈何容易。所以，香港大部分家庭都是由全职父母组成。聘请保姆照顾孩子及处理家庭事务，成为香港根深蒂固而又不可或缺的家庭文化。任太太曾是一位全职护士，而丈夫又是医生，可想而知工作有多忙碌，她却强调，孩子的教育，亲力亲为至关重要。她认为，由其他人照顾孩子，始终难以真正关照到孩子的成长。所以近几年为了专注陪伴儿子，她开始"陪太子读书"，到两个儿子的学校负责家教会的事务，偶尔也会兼职打针、抽血或身体检查等护士工作，但绝大部分时间都花在照顾家庭上。

任太太分享，只有父母才能真正教导孩子的品行及学业，并观察孩子的行为及变化。保姆或许能够照顾好孩子的饮食起居，完成接送等简单工作。但在现实生活中，任太太观察到有部分小朋友在街上以野蛮或任性的方式对待保姆，这些行为反映出家庭教养的重要性。夫妇二人表示，要教导孩子待人接物、有礼貌及懂得尊重，需要父母亲身了解孩子的需求，适当进行引导方能成功。以长子为例，父母了解他是一个非常具有主见及个性的人，这样的特质虽然能让他展现领导才能及解难能力，但却不轻易驯服于规范或规则。

> 婴儿到小学阶段是儿童心理发展的重要时期，这时期的教育及学习方式，会对孩子建构自己的思维及知识、学习行为规范、感受情绪、性格塑造、理解社交等有重大影响。

如果在这个重要的阶段，父母只依靠其他照顾者，如保姆、祖父母等来担当教育者的角色，会错过引领孩子建立良好品格的黄金时期。

在日常生活中，夫妇二人的角色分工清晰，以"男主外、女主内"的模式运作，爸爸专注于事业，负责赚钱养家，并在家中充当陪伴孩子玩乐的角色；而妈妈则主力照顾孩子的饮食起居，督促他们的学习。任医生笑言，父母之间难免会分别担任"一黑一白"的角色，自己大多扮演"白脸"，负责给孩子提供欢乐，而太太则一般担任管教及监察的角色，两人的角色有默契地共生，也较容易让孩子适应父母的教育方法。由于太太曾任职医院的精神科护士，在职场上的经验也可转化成独特的育儿技巧，协助训练孩子成为追求进步的人。

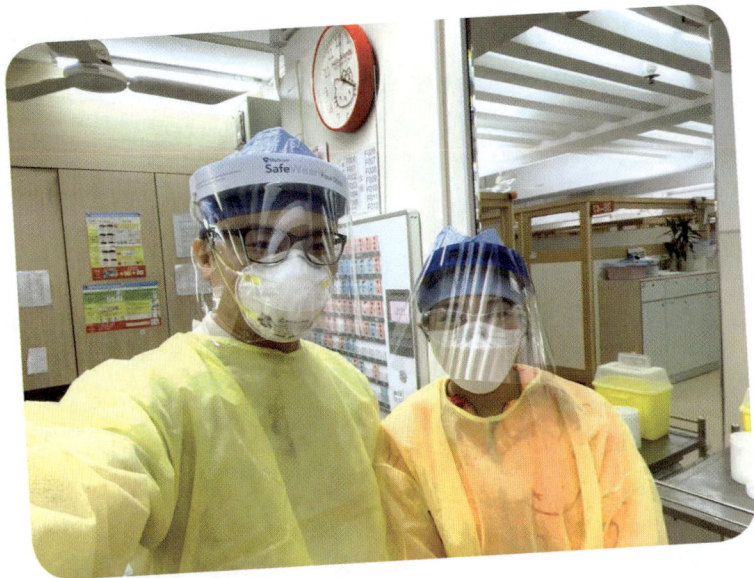

任医生和太太为市民打流感疫苗，穿上了防疫装备。

## 用行为治疗法设立目标

　　身为注册护士的纪彩霞，选择将精神科病房的工作经验带入家庭，她解释是因为观察到当中有与照顾孩子的共通性。跟照顾病人一样，谅解与换位思考，也是教育孩子的法则之一。她分享，要理解一个人的行为，先要审视背后的原因，明白了原因，有助于学会放手。教育孩子也是同一道理，自由成长是必要元素，然而，也要注意成长阶段的孩子的确很容易受社会氛围、朋友的影响，容易产生偏差行为。因此，父母除了指导，也需要适时修正他们的行为，这一方面，她引用经验，套用行为治疗法的技巧，与孩子一同设立目标，如果达成了就会得到奖励，以鼓励的方式带领孩子迈向进步。

行为治疗法主要是针对改变思想与行为的一种心理治疗手法，以解决行为偏差的症状。任太太分享，以前在病房会利用这个方法，鼓励患病的孩子设定每天的个人目标，例如：你今天做了些什么？明天会做什么？只要目标达成，就得到贴纸作奖励，如果储够指定的数量，孩子就能够换领奖品。这种鼓励性质的方式，帮助孩子一步一步走近目标，远离当初的病痛。正如一名正在减药的精神科病人，只要每次复诊时得到鼓励，便相信自己能够康复，保持克服一切困难的信念。

## 学会认真欣赏孩子

因为在病房内目睹不同孩子在成长中承受的痛苦，导致行为出现问题，甚至饱受负面情绪的困扰，产生自残、自毁，甚至自杀的倾向，所以纪彩霞将护士时期的职场训练及敏锐的触觉带回家庭，她十分关注孩子的情绪，并且时刻以病房的见闻经历引以为鉴，不以爱之名来伤害孩子，不为孩子的成长带来任何创伤。夫妇二人坦言，儿童的情绪问题有很大部分是来源于父母的高压管教。纪彩霞在修毕"6A品格教育课程"后，意识到要在爱和管教中取得平衡，更加重视正向教育。

夫妇二人表示，中国家庭的传统思想重视对下一代严加管教，不能随便赞赏，怕会"赞坏小朋友"，更要从责骂中建立父母的威严，孩子才不敢胡乱犯错。这种严格的教育方式，很容易给小朋友的成长带来负面情绪，甚至在成长路上留下深刻伤痕。两人也提醒，成年人的真心诚意，小朋友其实感受得一清二楚，父母切忌给予随便敷衍的赞赏，又或附加条件，例如："你今天做得好是因为难度降低，下一次必须更好"，又或"只不过是一次成功而已，何足挂齿"。

作为父母，必须学会欣赏自己的孩子，即使表现欠佳，也不要贬低他们。而是循循善诱，让孩子感受到自己被关心，努力是会得到肯定的，这也是父母的终生修行。

从家长的赞赏中，孩子能建立自信和安全感，感受到父母原来在认真观察自己，有动力做得更好。

## 设置合理期望

任俊彦医生分享自己在单亲家庭的成长经验，他"自强"的意识萌芽在升读大学之际，深感自己要充当"拯救者"的角色，而非"被拯救"的一方。这种强烈的想法，驱使他勇于追求成为医生的梦想，"照顾生命、关爱他人"是医生和护士的天职，怀着这种志向和理想向前推进，才拥有今时今日的成就。

不过，他坦言自己成长的时代，已然与孩子将来面临的时代大为不同。

父母对孩子要设置合理期望，不能因为自身的成功，而忽略孩子面临的不确定因素，如社会结构改变、未来需求的变化，甚至生存环境的转变等，并不是每一代人的成功法则都一模一样。

夫妇二人表示，不会强求孩子将来继承衣钵，因为命运应该掌握在孩子手中。面对父母也无法掌握的未来，两人无法决定两个儿子以后从事什么行业，而是希望针对孩子的特质、性格、兴趣和梦想加以培养，摒弃"虎爸、虎妈"那种强迫的方式，提供更多机会让孩子发掘自己的才华，实现自由发展。

## 重新定义自己的专业

从医生的角度来看，以前父母辈对于下一代的期望通常在"四专"的范围内，如律师、医生、建筑师等专业人士，"四专"往往与成功画上等号。但两人认为，将来是科技的世界，人工智能及大数据等衍生出的新行业已经可以取代许多旧行业。坦白地说，如果有一天，机械手臂的发展已经可以模拟出手指等精细灵巧的人类肢体，或是皮肤的触感等，届时，我们是否有信心可以超越机械，把手术做得更出色？任医生也没信心确定"医生"这种专业在将来必定可以持续下去。

任医生反思，就在过去一两年间，科技的进步已经大大超越父母辈的那几十年的发展，他以主持医学科技研讨会的经验作分享，现在已经有团队研究用纳米机器人来做手术，长远来看，在未来社会，一名工程师也许会比医生吃香。他说，现在有些疾病已能运用DNA疗法

未来不可预测，而实在可靠的是对孩子的陪伴。

来改善，连遗传病也能医治，而再生科技、3D打印也有望让人类更换有问题的身体器官。由于各种医疗技术的进步，将来人类寿命很大机会能延长，孩子长大后会面对一个怎样的世界？对于未来的预测，又或社会对于专业的定义或许会大翻盘。这些想法由一位专业医生说出来，也许令人惊讶，但任医生认为，作为父母需要接受世界正在改变，不能再因循守旧，唯一实在而可靠的，就是对孩子的陪伴。

## 选择合适的学制

只要在经济能力许可的情况下，父母都会满足孩子发掘不同的兴趣。不过，他们也经历过迷失。当时为大儿子报读不同语言的课程，见到儿子下课后疲倦且不堪重负的样子，已然知道不可行。那一刻两人均意识到，身为父母应该期望孩子快乐、健康地成长，而不是揠苗助长。两个儿子都比较外向，拥有相对跳脱的思维，尤其大儿子喜爱独立思考，最爱发问，凡事寻根究底，两人笑言他是个"问题小子"。这种表现，让父母明白，若把大儿子放在传统学制下成长，必然面对巨大压力。因此，夫妇二人决定让大儿子入读国际学校，在限制不大的学习制度下成长，让他发展喜欢钻研问题的特质。

小儿子则喜欢运动、帮助他人，个性比较沉稳。父母笑言，他倒是颇有成为医护人员的特质，于是让他去参与"铁人三项"运动。从细致的观察中，了解儿子们的不同特性，再提供学习机会让他们培育自己的兴趣，这是他们的共同目标。

## 培养未来生存能力

无论平时工作多忙碌，夫妇二人都十分注重两个孩子的成长。他们观察到，这一代的孩子比起自己那一代，相对较以自我为中心，在成长路上需要多加培养在社会上的生存能力。

> 无论从事何种行业，均需要良好的沟通技巧，除了拥有专业知识外，同时也要具备同理心，理解他人情绪。

父母不是要孩子阿谀奉承，而是培养他们换位思考、沟通、协调与合作的能力。例如，网络世界任何人都能够畅所欲言，有人散播仇恨或煽动言论，留言辱骂他人，不需要负任何责任，这样的风气对孩子来说会产生负面影响。父母可以从思想上引导，但不能完全禁止他们接触网络。

两人笑言，他们从来没想过提供什么"最好的"给孩子。"最好"很难厘定，反而"恰如其分"是他们心目中最理想的育儿方式。举例来说，如果孩子不喜欢交谈或面对病人，长大以后可以选择成为化验师；如果孩子乐于与他人沟通交流，可以选择成为家庭医生或内科医生。因此，让孩子拥有选择机会的前提是，要为其巩固"专业知识"，从旁协助他们发展自己的特质。

## 学会理解生与死

谈到生死教育，夫妇二人都是医护专业，理应见惯生死，这是否会影响孩子对于生死议题的理解？

两人分享，死亡的概念对两个儿子来说相对遥远，但他们最直观死亡的一次是同学的宠物过世。眼见同学回校后的情绪表现，孩子切身感受到那份心如刀割的悲伤，让他们学会珍惜。此外，父母难免会把工作上的低落情绪带回家中，而父母的情绪也会感染孩子。正如任医生小时候也曾受到父母离异前的情绪影响，这提醒了他不要把负面情绪带回家。

为人父母，对孩子有什么想说的话？纪彩霞最希望儿子们能够成为有仁义、懂得感恩和讲诚信的孩子，健康、开心地生活下去。任俊彦则笑言，他十分感谢两个儿子的降临，感激他们给予他无限快乐，与儿子们的相处时光，成了他每天在工作岗位上拼搏的动力，回到家的那一刻，看到一家平安快乐，也就满足了。

一家四口平安快乐，夫妇二人也就满足了。

# 亲子沟通技巧

### ⟩成长黄金期⟨

婴儿到小学阶段是儿童心理发展的重要时期，这时期的教育及学习方式会对孩子建构自己的思维及知识、学习行为规范、感受情绪、性格塑造、理解社交等有重大影响。

### ⟩设定奖励目标⟨

套用行为治疗法的技巧，与孩子一同设立目标，如果达成了就会得到奖励，以鼓励的方式带领孩子进步。

### ⟩认真赞赏孩子⟨

从家长的赞赏中，孩子能建立自信和安全感，感受到父母原来在认真观察自己，有动力做得更好。

07

创意思维

培养科技无法取代的

创意产业界 | 黄德慧　吴尚年　夫妇
育有一个孩子

让孩子自由发挥天赋，

任思维自由飞翔。

传媒工作者黄德慧，公职为电影发展局的专责委员，负责电影审批、基金批核等工作，现为TVB（香港电视广播有限公司）企业传讯部总监，同时管理数码产业项目，负责将媒体产品（如电视剧、广告等）在网络平台推广及发展，对数码内容非常了解。而经营建筑公司的丈夫吴尚年，平日主要处理图纸、建筑事务等。一位来自传媒影视界的妈妈，与一位来自建筑界的爸爸，两人的专业领域不尽相同，他们共同培养出性格独立富有创意、为人体贴、善良及有爱心的12岁儿子Aiden。夫妇二人除了分享华德福教育在学习上的帮助之外，也会分享作为忙碌的全职父母，如何在家庭与工作之间取得良好平衡。

## 主张"学"还是"习"

　　黄德慧和吴尚年来自两个不同专业领域，黄德慧来自追求灵活变化、注重创新的娱乐圈，加上专职数码媒体产品发展，更需要紧贴时代。而吴尚年则是专业建筑师，凡事讲求精准、稳固踏实。夫妇二人走在一起，从育儿方法到儿子升学指引，两人一路上互相扶持，保持理性沟通。所有父母都经历过新手的阶段，吴尚年提出，学习亲子教育，最重要的是不耻下问。当初与太太选择让儿子入读香港一间国际学校，就是厚着脸皮向邻居、朋友请教得来的升学知识。他们笑言，做父母确实要"考执照"，考的是父母在孩子各个成长阶段的适应变通能力。夫妇二人感谢上天赐给他们这份要考上一辈子的试卷。

## 培养孩子的同理心

在了解儿子的性格后，两人决定让他接受国际学校的教育。两人提醒各位父母，在香港国际学校的招生准则与传统学校不同。例如，国际学校注重与家长保持紧密联系，互相交流想法，让孩子学习的透明度大大提高，并鼓励家长多参与孩子的学校生活。另外，国际学校的宗旨是"有教无类"，即使是患有孤独症或读写障碍症的学生，校方也不会特别划分所谓正常与特殊的学生。夫妇二人感恩，因为学校这个做法，培养了儿子主动关心别人的性格。

黄德慧感动地分享，曾经有位家长向她道谢，原来儿子在学校经常鼓励她那患有轻度孤独症的女儿。儿子观察到那位同学较为内敛，于是经常鼓励她一起勇敢表达想法，尝试新事物。夫妇二人寄语，在社会上见过太多案例是家长过于紧张孩子的成长，将大量期望放在孩子身上，负担过重，令孩子无暇发展其他性格特质，产生负面效果。他们庆幸，有空间让儿子培养这份宽宏及包容的同理心。然而，说到应对未来社会的能力，从事数码媒体推广的黄德慧表示，创意思维是未来人才最不可或缺的特质。

## 成为科技无法取代的孩子

黄德慧的专业是数字媒体化发展，加上从事影视工作多年，人脉广阔，开阔了她对未来世界的视野，从而反思如何将这些经验应用在亲子教育中。夫妇二人分享，父母可以把孩子的发展维度拉长来看，以他们12岁的儿子为例，再过二十年、三十年，在未来世界某些工种可能已由机器人、超级计算机、人工智能等代替。

有一天科技或许会发展到一个我们无法想象的高度，但专家们仍相信一个事实：机器人无法取代人类的地方是创意思维以及共情能力。

计算机也许可以快速作出诊断，但却没法为病人提供慰藉；算法也许能计算出最受人们喜爱的旋律，却无法复制音乐中的喜悦与悲伤。创意也是一样，无法被计算及编程。

有此视野，夫妇二人从儿子一至两岁就开始培养孩子的创意思维。他们通过华德福教育，在儿子幼儿阶段发展人智、关怀之心及对自然科学的兴趣。到了小学阶段，才开始慢慢学习学科知识。两人提醒，相比传统教育，虽然头两年孩子的知识吸收看似缓慢，但孩子渐渐发展出一种自我追寻知识的能力。目前儿子在计算机科学课堂中，懂得自发研究，积极发掘未知领域。

两人提醒，创意思维可以体现在学术领域，同样也可以展现在艺术领域。儿子遗传了爸爸的才华，喜欢画画，对图像相当敏感，触觉很好。当发现儿子的才华后，父母更应该让他自由发挥天赋，任他的创造力飞翔。例如，儿子会在水彩画上加上从树下捡到的树叶；又或把封箱胶带揉成一团，画出独特画作，非常明显地展现艺术家式的创新能力。

## 华德福教育

黄德慧与吴尚年坦言，他们也是一对在传统教育中成长的父母。吴尚年成长于一个传统家庭，父亲是英国人，无论是中国、英国的文学造诣都非常了得，自小受到守信及认真的训练。所以当接触到华德福教育时，她与丈夫也曾害怕儿子在如此自由的学习气氛下，会太过放松而变得懒散。后来，他们的想法因学校倡导华德福教育而改变。

华德福教育由奥地利哲学家鲁道夫·施泰纳所创建，其教育理论是以人智学为基础，提倡"追求自由的教育"。

Aiden在创作上相当有天分，
竟能把蟹钳变成小小足球员！

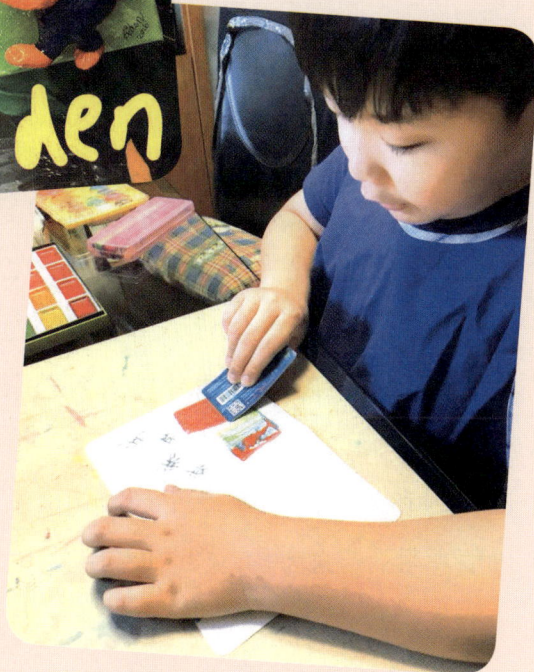

　　这种教育方法的最终目的，是让孩子建立更良好的人际关系，更重要的是，教导孩子可以追求自由，但必须同时具备责任感。

　　夫妇二人分享，这样的理念与他们的教育想法不谋而合。吴尚年表示，他们绝对鼓励儿子培养多元兴趣，也尽量抽时间陪伴在侧。他也常常引导儿子，要有责任地去喜欢一件事物，但不希望他过于沉迷，因为物极必反。

## 清晰的儿童发展蓝图

　　孩子不断成长，父母总不能只沿用一套法则，终生不改。华德福的教育方法将儿童的成长分成三个阶段，每个阶段大约是七年，为父母提供了相当清晰的儿童发展蓝图，也明确地指出阶段性发展的需要及教育方法。早期的教育注重实践和手工活动，提倡在创新的游戏环境中学习，尽量避免背诵生字及其他功课压力；第二阶段，是在小学发展艺术才能和社会技能，培育创新和分析理解的能力；第三阶段即中学阶段，则注重发展批判性思维和寻找理想。整个教育方式，强调想象力，并将价值观融合在知识、实践和艺术追求中。

　　他们说儿子在幼儿阶段，学校的老师会带领家长和孩子一同去树林捡拾树叶、树枝，以大自然为对象学习计算加减数，同时让孩子感受大自然。除此之外，学校还设计"动手做面包"课程，每天让家长和孩子合力制作一个面包，从面包的形状学习数学的原理。当父母与孩子一同经历学习过程，家长潜移默化下也有启发。

虽说这种自由的教育方法，在亲子教育中提供了良好的发展方向，但父母总是容易多忧。黄德慧坦言，儿子在两至三岁时还不怎么会说话，让她担忧他的语言能力。后经丈夫的提醒才冷静下来，让儿子慢慢发展。吴尚年笑言，虽说他理解父母紧张的心情，但总得让孩子跟随自己的步伐，慢慢走出自己的路。现在，儿子的记忆力有时强到连两三年前的对话也记得清清楚楚呢！

▶ 学校鼓励孩子动手做，尽情探索世界。

## 不在孩子面前处理工作

如何在工作与家庭之间取得平衡，大概是所有家长的首要难题。吴尚年分享，作为一名父亲，他会向同事树立一个明确的处事原则。例如，每天晚上八点以后，他一定会把手机关上，回到家中几乎不处理公事。而黄德慧则笑言，自己以往负责电影剧组，工作手机的铃声可谓昼夜响个不停。那么，两人同是大忙人，夫妇之间如何协调？两人分享，无论平时多忙碌，回家后尽量不谈公事。如工作中有突发事件，就会进书房处理，另一人则陪伴儿子在客厅看电影。这种夫妻之间的日常默契，是为了避免将外面工作的压力展现在孩子面前，对孩子有影响。

夫妻分工合作，尽展关怀与体贴。作为过来人，他们寄语各位家长。

> 孩子在成长过程中相对敏感，尤其对世界都充满好奇，从眼见的、耳听的到鼻嗅的，只要眼前有信息，孩子就会自行接收，理解及形成自己的认知，所以在情绪照顾上，父母绝对不能马虎。

黄德慧和吴尚年通过自我约束，尽力在生活与工作中取得平衡，希望提供一个充满爱和包容的环境让儿子愉快成长。

## 重视外地体验学习

黄德慧从事影视圈的公关宣传工作多年，更是香港电影金像奖的推广顾问，本身更是电影制片人及行政监制，工作的繁忙程度可想而知。而吴尚年也是建筑公司的管理层，要处理的事务繁多。即使两人各有各忙，夫妇二人对育儿却抱持一贯的态度，重视与孩子一起学习。

每逢儿子放暑假，父母二人都会放下工作，带儿子到英国及法国度假，一家人在异国一同学外语，逛不同的博物馆，品尝各种美食。他们发现，相比起在香港请法语老师在家教导儿子，在法国当地，儿子学习语言的兴趣大增，吸收程度也快得多，足证体验学习的重要性。同时，黄德慧每年七月也会带着儿子到中国台北生活一个半月，让儿子能在大学上中文课感受中华传统文化，也会带他到乡间的农田玩耍，感受生活。过程中，夫妇二人发现身教的重要性在于一同亲身经历和体验，比起在书本上学知识，孩子在实践中收获更多。

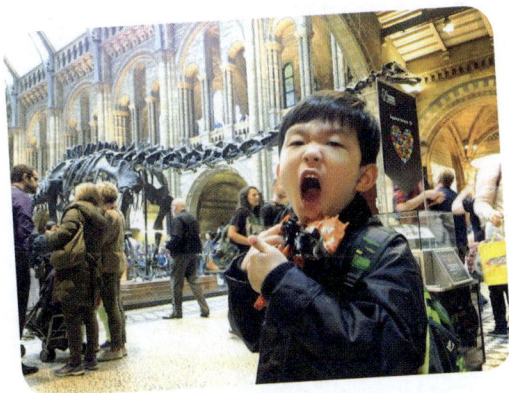

▲ 儿子在英国伦敦自然历史博物馆看恐龙化石，也模仿起恐龙叫，十分可爱。

## 不做"怪兽家长"

香港的社会发展急速，眼见身边有朋友成为"怪兽家长"，甚至因此患上抑郁症、躁狂症等情绪病，黄德慧和吴尚年最希望的是避免堕入过度反应的错误思维中。

> 相对于幼儿阶段强迫孩子追求优异的学业成绩或精通百般才艺，他们更加倾向于培育儿子有一颗宽宏大量的心，而非那些可以量化的成就。

随着孩子的长大，与儿子情同好友的爸爸吴尚年感触地分享，儿子现在12岁，再过几年，他未必愿意继续黏着爸妈，所以他和太太特别珍惜这段相处的时光。这位还很有童真的爸爸分享，与儿子睡前的交流活动，是彼此最快乐的时光。

夫妇二人在育儿的最初阶段，也有认真商讨过一个问题：他们最想给儿子什么？后来得出的答案很简单，就是"健康"和"快乐"。这是对孩子最简单也是最难的期盼。随着孩子的成长，人生路上必然会遇到挫折，可能要面对社会变迁、朋友间的离弃甚至失去财产，届时他要如何面对？父母希望除了培养他的创意思维及同理心，也期望能提供给他最好的教育，以知识改变命运，将来有足够智慧去面对逆境。作为父母，黄德慧和吴尚年秉持协助而非指导的理念教育孩子，非常珍惜当下这一刻。

# 亲子沟通技巧

### ⟩华德福教育⟨

在孩子幼儿阶段发展人智、关怀之心及对自然科学的兴趣。至小学阶段，才开始慢慢学习学科知识。

### ⟩划分工作与家庭时间⟨

父母回家后尽量不谈公事，如工作中有突发事件，会进书房处理，另一人则继续陪伴儿子。

### ⟩重视在当地学习外语⟨

相比起在香港请外语老师在家教导孩子，亲赴当地，孩子的语言吸收速度会快很多。

08

培养孩子
适应变通的能力

信息科技界 | 杨全盛　高菲燕　夫妇
育有两个孩子

世界转变之快，与其迫使孩子成为精英，

父母不如赋予孩子应变的能力。

　　天旭科技投资集团创办人之一的杨全盛与太太高菲燕结婚多年，育有两个儿子，分别是14岁和12岁，夫妇二人都有电子科技的专业背景。杨全盛是编程专业出身，目前从事创意科技方面的投资工作，参与不同的科创、娱乐事业等项目，也是香港电竞总会的创办人之一。太太高菲燕在成为全职妈妈之前，从事电子硬件制造业，开设自己的厂房，有了两个儿子后，转而专心照顾家庭。杨全盛与儿子一样爱好电子游戏，以此与儿子建立了有效的沟通渠道；高菲燕则用调解方式，化解兄弟间的冲突与矛盾。

## 父母之间建立良好默契

从杨全盛的背景可以知道，他日常最大的乐趣是与两个儿子一起打电子游戏。高菲燕笑说，自己虽然对电子游戏一无所知，也会和其他家长一样觉得打游戏不好，但这是杨全盛与儿子们建立亲密关系的独有方式，她不会阻止，也不介意当"丑角"，负责儿子们的学习、性格培养、家庭教育等。夫妇二人，一人负责玩乐，一人负责引导，在儿子的成长路上分工合作，建立了良好的默契。

杨全盛非常欣赏太太在教育儿子上的用心及方法，与他自己的教育方式取得了绝佳的平衡。高菲燕虽然紧张儿子们的学业成绩，但不会过分管束功课及温习进度，也绝不拿他们与别人比较，而是鼓励孩子们与过往的自己竞赛。她表示，与其强迫孩子们努力温习，不如使用他们能理解的一套语言来沟通。

## 说孩子能明白的语言

高菲燕深知儿子们爱玩电子游戏，喜欢分析各类图表及数据，拟定下一步的策略及组织进攻与防守等，读书其实也如出一辙。于是，她制作了很多漂亮的图表，向孩子们展示他们每年的成绩和表现，把学习和成长进度数据化，并以信息图像的方式让儿子得悉自己的变化。

父母无法一直监控孩子的学习，只能加以辅助，在这个方式下，两个儿子能够加强自己的强项，而面对要提高的弱项，则与父母一起拟定策略，设定目标，一同达成。她强调，夫妇二人希望儿子学会的是如何超越自己，而非击败别人。

> 培养孩子对自己的鞭策力，有助于他们发展自律、自省的特质。父母可以给予自由，把处理好自己学业的责任交回孩子，适当给予指导及提醒，孩子才能领悟自发努力的重要性。

虽然高菲燕在家中是担任管理者的角色，但与两个儿子的联结却非常紧密。当中可有特别技巧？在亲子关系中，代表威严的父母一方，如何打破隔阂与孩子有说有笑？高菲燕分享，父母可以练习放下身段，不用每时每刻与孩子交流都摆出一副权威的姿态。她提到，即使儿子已经十多岁，她每晚还是会坚持与他们共享床边故事时间。由婴儿时说童书故事，到长大后谈天南地北，交流每天发生的事，她非常珍惜这段睡前的交流时光。

　　父母与孩子的沟通贵在真诚，不需要事事管教，而是要建立平等交流的渠道，这不但促成了高菲燕与儿子深厚的关系，也帮助儿子认识社会，建立正确的价值观。

## 在电子游戏中建立深厚感情

　　爸爸杨全盛，是家中的欢乐大使，看似只顾带着儿子玩乐，其实背后别有一套教育理念。他分享，自己也同样为人子，深知教育孩子如果只用强权，孩子即使听从，关系也不可能良好。他反思自身，自己同是电子游戏爱好者，如果虚伪地禁止儿子接触，一定会让他们反感。作为父母，有责任思考如何教导孩子在兴趣与学业之间取得平衡。

　　科技进步，很多以往看似不务正业的行业及运动，在今天已成了世界潮流。例如，滑板已经不再是代表不务正业的玩意，而是发展成为体育比赛项目之一；电子竞技（简称"电竞"）更加不再是意味着玩物丧志，它已成为一项风靡全球，市值过九亿美元的新兴产业，香港特别行政区政府也已把电竞纳入创新科技政策范畴之中。杨全盛作为电竞总会创立团队的一员，固然视电竞为一种运动，他深知要成为电竞选手的门槛极高，他并不期望儿子成为专业选手，而希望通过电子游戏培养儿子正确的价值观，如运动精神、抗逆、认真、专注等特质，同时也可训练他们的解难能力及协调能力。他以儿子为例，父子之间因为游戏，建立了很强的联系，从中也有着师徒情谊。他从游戏出发，引导儿子组织策略、处理输赢，过程中不单建立信任，更引入教育。

如果父母拥有开明与弹性的视野，任何事情都可成为有效的教育工具，重点是利用其优点，控制其缺点带来的风险。

在21世纪，与其禁止孩子接触电子产品，倒不如请孩子容许自己加入他们的世界，一同投入，至少这样父母可以知道孩子有没有偷偷沉迷一些价值观扭曲、煽动暴力等不良倾向的游戏。每晚睡前的两小时，是杨全盛跟儿子在电子游戏中尽情畅玩的时间，当中他也会与儿子闲话家常，旁人可能会觉得无聊，但对他来说，却是了解儿子的最佳方式。

除了玩电子游戏，
父子三人也很享受
户外运动。

父母有责任建立一条有效的沟通渠道，让孩子可以安心发问，而不是一直担心会触犯父母的权威。其实这种方法可以应用于任何活动中，只要孩子感兴趣的，父母不妨与他们一起探索，从中建立信任及快乐。

## 通过打高尔夫球培养"适应变通的能力"

杨全盛分享，另一项他会引入到亲子教育的活动是打高尔夫球。他笑言，儿子们年纪小时，就跟他学习打球。高尔夫球不是一门只讲究取得分数的运动，而是一门控制犯错次数的运动，当中的思维逻辑及策略也许与得分为主的球类运动有别。除了技巧以外，需要仔细拟订计划，根据实际情况不断作出调整，以求达至某棍杆次数内入洞的目标。

从中，他看到了机会，以此去培养儿子未来社会中可能最重要的技能，就是"适应变通的能力"。父子每次打球，他都会引导儿子先思考策略，究竟要先急攻，还是把杆数平均分布？同时也要留意天气、风向等影响策略的因素。通过打高尔夫球的训练，儿子学会先计划后调节，灵活变通。

世界转变之快，与其迫使孩子成为精英，倒不如赋予他们适应变通的能力。

杨全盛在打高尔夫球中与儿子共同成长，培养了与儿子非一般亲密的父子关系。

　　杨全盛最开心的是在打高尔夫球的过程中与儿子培养了非一般亲密的父子关系，大家会互相提醒，儿子也会观察爸爸的表现，从而提出改进建议，杨全盛很珍惜这种互动，会虚心聆听，也很高兴能够做到父子同步，一步一个脚印，共同成长。

## 用调解方式，化解孩子间的冲突

　　两兄弟的年龄只相距18个月，年纪相近是否一定有助孩子之间的相处，减少争执？高菲燕分享，两人自有一套相处的方法，表面上总是戏弄对方，心中却是关心彼此。不过，她坦言，两个儿子小时候有过一段充满冲突的时期。当时她不明原因，只知道两兄弟每次外出时，至少有三成时间在吵架，本来安排了一天的开心行程，一家人最后因忙着处理争端而身心俱疲，高菲燕直言，当时自己的情绪也受了影响。

为了解决问题，找出原因，高菲燕报读了一个调解课程，从中获益良多。她分享，调解中一条重要的原则是，冲突事件一般只是导火线，背后的原因才是真正核心。她举例，儿子为了一杯饮品的小事而争执，作为父母不需要干涉抢夺饮品的事件本身，而应保持中立，进行深入思考，或许两兄弟之间有竞争意识，希望胜过对方，于是在生活大小事上发生无休止的争执。

孩子关系紧张时，作为父母，需时刻进行多角度思考，不能存有偏见，事件不关乎对错，而在于为什么。高菲燕分享，她应用调解的知识，与儿子慢慢对话，了解问题所在，两兄弟的关系才得以改善。家长面对孩子间的冲突反应过度，实属正常反应，应给予孩子冷静的空间，父母也可以整理情绪，让整个家庭都有宣泄的机会，再一起沟通，慢慢处理。

## 切勿忽略品德教育

除了推动电竞行业发展，杨全盛也开创了自己的事业，创立天旭科技投资集团，从事科创投资的工作，致力推动香港智慧城市的发展，更积极成为青年科技及创业发展的推手。当问到如何看待未来社会人才需求，他表示，在科技主导的社会，通用技能固然不可少，孩子需要对各科知识融会贯通，拥有多元及批判的思维，有能力解决困难。然而，当所有家长去集中培训以上能力时，很容易会忽略当中最重要的一环，就是品德教育。

科技世界资源发达，信息丰富，却是一把双刃剑，将来使用科技的一代，必须要有良好的道德品质和正确的价值观。

夫妇两人着重教育儿子对人要尊重及有礼节，因为有时也会发现大儿子与同学的沟通比较冷酷。他们感慨，也许是受网络文化影响，人与人之间的交流缺乏真实情感，情绪上难以感知，久而久之会影响沟通技巧。

杨全盛指出，当孩子从网络世界踏入真实社会，其弊端将显露无遗。父母要多为孩子安排与朋友、亲人见面的机会，唯一能够抗衡电子产品带来的冰冷，就是人与人之间具有温度的接触。杨全盛以电子游戏文化为例，他观察到儿子容易在游戏中做出挑衅及冒犯他人的言行，他究其原因可能是隔着网络，孩子无法感受对方的痛苦。培养孩子的正面品格，能够加强孩子的同理及恻隐之心，将来利用科技做出伤害别人的行为将会大大减少。

## 教会孩子学会权衡轻重

两个儿子年纪相近，性格却各有不同。夫妇二人表示，哥哥性格冷静，不易显露情绪；弟弟性格乐观，而且感情细腻，懂得关心他人。每当父母遇到问题而大为紧张时，哥哥会一笑置之，反而会安慰父母；弟弟则是家中的定心丸，言行总是令人感到暖心。两人表示，他们观察到儿子们性格上的不同，不会强求兄弟两个向相同方向发展，将来绝对不会比较两人的成就。

问到父母该如何为孩子计划前程，两人认为父母必须先了解孩子的性格特质，无论理想是什么，最重要的是教育他们如何权衡轻重。他以电竞行业为例子，因为竞争非常激烈，要当一名电竞团队选手，就要成为1%的精英，才有机会踏上世界舞台创造佳绩。如果孩子有此想法，必须与他们深入讨论，让孩子审视自身是否具备潜质，是否有足够决心，尽力而为。其实，所有把兴趣转成职业的选择，都是同样道理，父母应该引导孩子思考愿意付出的程度，自行分配好时间及资源，平衡人生。

## 科技无法取代教师

人皆有缺点，父母无法强行改善孩子的性格弱点，只能尽量发挥长处。比如，哥哥是典型的批判型人格，为人讲求科学及逻辑，但沟通、关怀的能力相对较弱；弟弟则心思细密，着重沟通过程，但大胆果断的性格则有待培养。作为父母，不是找出弱点来挖苦，而是要为孩子建立正确的自我认知，将来才不会判断错误。

> 未来社会要求灵活、突破框架及具有创新思维的人才，如果孩子看似没有缺点，但也没有任何突出亮点，老板也会过目即忘。一个人的光芒源于自信，而自信也是由自我认同及家人的无限支持而建立的。

之前由于新冠肺炎疫情的影响，在线教学在短时间内流行，大家也很习惯在视频通信软件中学习及见面。杨全盛认为，科技虽带来方便，但也有无法完全取代的地方，教学便是其中一种。他认为无法面授知识，学生的吸收能力会大打折扣，师生关系也会变得愈来愈冰冷，容易错过彼此交流的机会。他感慨，科技的确带来了不少便利，VR（虚拟现实）、触屏等技术带来了不少革命性的改变，知识变得有趣，除了可读、可听、可看，甚至能互动；以前孩子的学习靠大量做练习题，现今注重体验不同工具。然而，科技不能代替传统教育，只能增强体验。杨全盛还提醒家长，应该视在线教学为辅助，而非完全取代教师线下教学为主。因为尊师重道也是品德教育中的重要元素，是在线教学无法做到的。

夫妇二人感言，父母与孩子虽然血浓于水，其缘分却是非常短暂，回望过去十多年，感叹时间过得太快。两人希望儿子可以找到热情所在，即使中途失败了，也能当作是成长勋章。杨全盛与高菲燕回想，自己也是从跌宕中走过来，希望引用自身的经验，培养儿子成为灵活勇敢，善于解决困难的人，快乐无悔地成长。

# 亲子沟通技巧

### 学习进度数据化

热爱电子游戏的孩子，喜欢分析各类图表及数据，以拟定下一步的策略及组织进攻与防守等。家长不妨把学习进度数据化，并以信息图像的方式让孩子了解自己的变化。

### 鼓励与自己竞赛

不拿孩子与别人比较，而是鼓励孩子与过往的自己竞赛，孩子学到的是如何超越自己，而非击败别人。

### 床边故事时间

由婴儿时说童书故事，到长大后谈天南地北，交流每天发生的事，建立平等交流的渠道，促进亲子关系，培养孩子正确的价值观。

09

培养孩子内在美
多于外在美

**法律界** | 陈晓峰　叶佩坤　夫妇

育有两个孩子

愿孩子学会

取之于社会，用之于社会。

陈晓峰律师与太太叶佩坤同为法律界的专业人士，身兼多项公职，热心社会发展，多年来致力策划及执行弱势家庭支持计划，帮助孩子得到较为全面的发展及关怀；也有涉足青少年事务，结合科技帮助青少年量身打造合适的职业生涯规划。两人结合法律及科技的专业背景，为社会作出非凡贡献，对儿童及青少年教育，有着广阔的视野及丰富的经验。他们分享如何引用自身理念，培养孩子成为正直、富有爱心以及价值观正确的人。

## 东方文化理念下的育儿共识

　　虽然叶佩坤是新加坡人，陈晓峰是在香港土生土长的中国人，但大家都深受东方传统文化熏陶，没有太大的文化差异。再者，夫妇二人都具有法律背景，有相同理念也有相同信仰，这加深了家庭稳定的基础。夫妇二人笑言，相比西方文化，东方文化更注重家庭和谐及团结，邻里之间守望相助，凡事以社会的整体利益出发。因此，在家庭教育上，他们希望孩子能勤奋有礼，博览群书，吸收知识，装备好自己，承担起未来照顾家庭的责任，再慢慢建立自己的世界，努力创建丰盛的人生，希望两个孩子将来有能力为社会作贡献，关怀别人。

　　当说到教育制度，叶佩坤认为中国香港与新加坡有显著不同。不少家长认为，香港是个竞争型社会，如果希望孩子将来成才，就要在幼儿阶段有所筹备。她以自身经验分享，香港的教育压力大，着眼点在于孩子能否在初级阶段的竞赛之中立足、胜出。她笑言，当年报读幼儿园时，哥哥3岁，妹妹2岁，两个孩子年龄相近，夫妇二人被幼儿园问及是否有为孩子们准备面试履历表，且当中要写他们各方面所展现的潜能时，真让她意想不到，可谓杀了一个措手不及。

而再看新加坡的教育，她认为当地教育比较注重孩子将来如何在社会立足，占得一席之位。以她读书时期的经历为例，时任新加坡总理李光耀制定教育制度的目标是"以人才为主"，每年只有1%的学生能够获得全国唯一一所大学的入学资格。由此可见，一个孩子从开始入学，到23年后的人生规划早已定下，可以说是成绩决定命运。新加坡以往沿用的这套淘汰制度，难免会加强孩子之间的竞争心态，在同学也是对手的设定下，学生过分看重学业成绩，同学之间难以培养终生情谊，忽略了孩子的全面发展，孩子将来也许难以建立互信精神。

## "怪兽"从强迫中觉醒

陈晓峰分享，他们也曾误入"怪兽家长"的思维，为孩子安排不同的兴趣班，经历过一年报读两间幼儿园，上下午要到两间学校上课，孩子甚至要在车内吃午饭及换校服，也带过孩子参与不同小学面试班，一进课室就被各组家长侧目，方才得知原来两年前他们已开始上课。他感言，那时确实对两个孩子过分要求，当一切都好像向着正确的方向前进，转折点却发生于女儿成功入读一间心仪的传统女名校后。当时女儿稍有天分，刚入学便赢得游泳奖项，也取得不错的学业成绩，然而，家长群中却开始传出流言，女儿在学校也受到同学排挤、欺负。

夫妇二人相信，孩子长大后踏足社会，"枪打出头鸟"的情况必然常有发生，但小小年纪就要被打压，固然是不理想的。

> 作为父母，需要引导孩子建立正向思维，把外来的负面影响转化为继续努力的动力，培养换位思考的能力及同理心。

在成长路上，他们希望孩子懂得为别人的成功喝彩，而非妒忌他人。陈晓峰分享，这个理念与他中学的经历有关。陈晓峰就读的中学向来主张互助团结，他分享深刻体验，有一次他以毕业生身份回校参与一场运动会后的年度晚宴，宴会上见证了动人的一幕。当时，一名同学的比赛制服不符合规定，被取消资格，从而导致学校痛失大满贯的荣誉。校长在宴会上请该犯错学生上台，大家以为他要公开被责罚，校长却拉着同学的手，以一席感言引导全校师生不能一味责怪该生，人皆会犯错，最重要的是能够原地站起来，再次出发。陈晓峰分享，这次经历让他深受感动，希望能把这份体谅、支持、同学互助的精神传承给两个孩子，培养他们成为能力愈强愈有责任向别人伸出援手的特质。

夫妇二人分享，就算孩子再力争上游，可能也不会得到别人的欣赏，或者只会引来对方的敌意。夫妇二人反思，即使父母千方百计催促孩子成为世界第一，但却因此失去良好品德，缺乏将心比心，以人为本的能力，对于未来不再是精英主导，而是讲究人文价值、以创新思维带来改变的社会，是否真的合适？

叶佩坤分享，为孩子挑选学校，最重要的是观察学校的校风和教育宗旨，主张以竞争为主，还是鼓励为先？这是孩子健康成长的关键所在。父母也应避免盲从名校效应，而忽略对孩子性格特质上的培养。

## 精英主义不再必要

叶佩坤曾在美国跨国综合企业通用电气公司工作，该公司采用"Up or Out"（不升职就离职）的制度，只发展最好的20%人才。在香港的法律界，也带有这种竞争文化。那么，精英主义是否影响两人育儿的理念？夫妇二人表示，他们从没有想过要孩子成为精英。如果强迫孩子攀到了最上层，但赔上了亲子关系，又或在成长阶段造成孩子某些性格缺陷，欠缺全面发展及融入社会的能力，再"精英"也是徒然。他们认为，每个孩子都有不同专长，作为父母，不能强迫孩子十项全能，要给予耐心慢慢观察，发掘所长。夫妇二人提醒，不少父母不自觉地期望孩子传承自身所长。以叶佩坤为例，她音乐上颇有造诣，但即使家中有一架三角钢琴，也不会强迫孩子学习。另外，父母也不应把自己未能完成的心愿，强加于孩子身上。总而言之，家长应该洞悉孩子的需要，因材施教。

叶佩坤也分享，孩子的品德，要靠父母教育，提醒孩子要有同理心，知足感恩。成长过程中，孩子难免会被物质影响情绪，夫妇二人希望孩子无论在任何年纪，都能够拥有良好品德，快乐应来自最简单的事，而非金钱和名利。夫妇二人除了拥有法律界背景，也非常热衷关怀社会工作，尤其是向贫穷及生活水平较低的家庭提供适当援助，也努力推动青少年职业生涯规划的发展。同时，他们把这作为培养孩子同理心、体谅及关怀弱势的珍贵机会，希望借此让他们了解不同社群；学会观察，多角度思考，以自身优势响应别人需要。夫妇二人经常与孩子讨论社会上发生的事情，在一宗父亲杀害家人的伦理惨案中，他们引导孩子反思：残忍背后，这位父亲正面对怎样的现实？是什么原因令一个人变得如此疯狂、绝望，做出骇人行为？更甚，这名父亲有没有可能是以爱的名义做了错误的决定？夫妇二人希望孩子理解，凡事不应先评判，而是尝试先了解、分析，才能找出核心问题所在，以自身能力防范类似事情再次发生。

## 学会赠予和关心他人

圣诞节期间，夫妇二人联同社会福利机构合作设计了一个"圣诞老人秘密行动"的活动，希望向低收入家庭赠送一份喜悦，给接收者一份希望和温暖，让他们明白现在的努力及困境，是会被看见的、受关注的，不会被遗忘；即使生活艰难，仍可以彼此祝愿，传递希望。活动由各位小朋友担任小天使，观察身边的人，决定赠予者及礼物，思考可以怎样帮助对方，推动对方继续努力。夫妇二人带着孩子参与其中，其中一份礼物，是孩子用自己的压岁钱购买按摩器，送给一个小朋友，让他转赠给从事保安工作而经常腰酸背痛的爸爸。她笑言，当时孩子还小，挑选礼物的过程中难免会被玩具分心，心生动摇，父母不但没有训斥，反而把握机会强调初衷，教育他们一点付出能成就他人快乐的道理。

> 每当遇到孩子有所要求，不能立即满足，而是要时刻引导孩子思考其需要程度及承担能力，从中学习取舍，而非习惯唾手可得。

## 体验是最有效的教育

有一次，夫妇二人带着只有小学三四年级的孩子到湖南，以英语小老师的身份为当地留守儿童提供英语教育。在那一星期里，孩子除了与当地儿童一同上课，也同吃同住同游戏。叶佩坤笑言，那段时间真正感到孩子建立了同理心，因为孩子提出要购买一双新鞋子给一个小女孩。孩子观察到那个小女孩经常被绊倒，后来发现原来对方为了省钱，所以穿了大几码的鞋子，最后叶佩坤带孩子亲自到集市挑选合适的鞋子，由他们亲手赠予

小女孩，夫妇二人很高兴孩子能够留意到别人的需要。他们寄语家长，让孩子亲身体验及观察，所谓"把自己的脚套入别人的鞋子中"，是最为有效的教育。

通过带领孩子参与不同的社会关怀活动，看过很多感人至深的故事，让孩子有机会走出温室，从别人的故事中感受世界真实的面貌；原来名利、地位也不及一份关心、一份体谅重要。孩子受到他们的启发，即使兄妹两人目前一同在英国上学，也不忘处处留意别人的需要，加以援助。两个孩子性格相似，活泼开朗，富有正义感及爱心，相信这与父母经常带他们参加慈善活动有关，证明身教的重要。叶佩坤寄语，如果只把孩子训练成读书机器而缺乏与人相处的技巧，长大后即使得到了高层职位，也不会是一名称职的领导。陈晓峰分享，通过带孩子参与自己的社交圈子，融入自己的世界，不仅能够多了解父母，也能从小接触不同辈分、群体的人，培养社交礼仪、虚心聆听以及敢于对话的性格。

> 父母要接受自己能力有限，没法灌输所有知识给孩子，所以要让他们多接触外面的世界，放手让他们在社会上多加磨炼。家长避免过分保护，才能让孩子向外发展，将来有能力独当一面。

作为父母，两人也会通过虚心学习来弥补自身不足，成为孩子谦虚受教的榜样。夫妇二人指出，父母也可以与孩子分享自己的兴趣，一同发掘兴趣之余，也能让孩子认识到原来父母也有理想与梦想，自己也可以勇敢追寻。陈晓峰和叶佩坤热衷于音乐，孩子也会跟随他们参与筹备不同的音乐会表演，一家人一起从零开始，构思主题、组织不同的表演者等，大家一同享受音乐带来的喜悦，从中培养动手做、负责任、认真、解难及协调的能力。过程中，陈晓峰也要学习全新的指挥技巧，以身教向孩子展示，遇到不懂的事情就虚心学习。

## 以自身专业教育孩子

说到把专业放入亲子教育中，陈晓峰会利用青年发展工作的机会，带孩子参加不同的活动及交流。例如，通过活动与法官交流，学习法律及公义的基础知识。作为以专业知识解决问题的律师，他也会向孩子分享不同的案例，与他们讨论想法，培养批判思考、解难能力之余，也从中了解不同的社会概念，如法律精神、守法责任、权益保障等。夫妇二人表示，很多知识不一定只靠死记书本，父母不需担心孩子不明白，多用自身经验分享，让孩子从身教中吸收。除了分享专业知识，他们也会主动跟孩子分享生活点滴，邀请孩子走进父母的世界，一家人就像朋友一样，感情亲密、互助互爱。

叶佩坤曾在跨国企业工作，又当过幼儿园教师，对儿童心理有一定认识。在管理专才的职业生涯中，她观察到职场上需要什么特质及价值观的人才，让她明白应尽早使孩子具备诚实、尊重他人等品德。她寄语家长们，诚信、操守等核心价值必须从小培养，不能待孩子长大成人，到踏入职场的一刻才给予教导。夫妇二人还建议，父母应该避免以过分稚嫩的说话技巧与孩子沟通，宜用正常的态度对话。

孩子拥有的理解能力及智慧，比父母想象中的要多，一些比较复杂的要求或道理，只要父母表现出耐心、真诚及尊重，孩子是能够给予同等回应的。家长不妨多对孩子平等表达，建立成熟的沟通机制。

## 打破旧有科技观念

夫妇二人表示，希望培养孩子成为一个有正能量的人，成为推动世界进步的一分子。陈晓峰具备计算机科技与法律的专业知识，经常会以法律顾问的身份参与科技发展中的业务，包括物流平台、航天科技、智慧城市等，他认为将来孩子面对的是一个科技主导的世界，父母两人的法律背景，有助于协助孩子认清法律底线。他表示，律师有责任秉持公平、正义、人权、隐私或言论自由，也需在个人自由及公众权利之间相互考虑。夫妇二人希望通过身教，让孩子能够驾驭科技，坚守法律底线，不会做出违法的事。

陈晓峰分享，在未来的社会发展中，科技的使用率一定会越来越高。AI、互联网、大数据及区块链等技术，在各领域及界别中都会派上用场，如金融、航运、信息、医疗、物流，甚至法律界。他表示，在国家主张以科教兴国的大环境下，孩子需要拥抱科技，而不是惧怕。所以，青少年的生涯发展规划是他们非常重视的一环。陈晓峰分享，很多青少年对于未来职业发展感到迷惘，主要原因是对选择缺乏认知。他认为，父母不能再执着期望孩子成为专业人士，而应跟随自身步伐。行行出状元，现今社会已不再追求成为"三师"（建筑师、会计师、医师）才算成功，作为父母，要与时俱进，洞悉未来需要。在科技进步下，将来的工种日新月异，对于父母那一辈来说，完全是

▲一家四口热衷于音乐，经常一起由零开始筹备音乐表演，享受音乐带来的快乐。

新兴行业。他分享，社会对科技的普遍认知，仍停留在技术支持与信息科技的层面。其实科技牵涉范围甚广，如社交媒体、大数据、金融科技、网络安全、区块链等，甚至动画制作，造就了不同机遇。

> 未来的工作不再是白领与蓝领之分，而是传统与创新。孩子读书表现差就注定失败的概念已成过去，家长应专注孩子专长，鼓励孩子实现梦想，认识社会，协助他们找到感兴趣的工作。

## 用大数据找出最合适的职业

陈晓峰分享，他与太太设计了一个结合了算法、AI及大数据分析的青少年职业生涯规划指导方案，协助近一万名学生利用计算机计算程序，为其性格特质与不同的科技行业进行配对，当中收集了身边的人对学生的观感及意见，得出一个全面的评估，为学生找出最合适的职业发展方向。方案安排了一系列的专业人才分享讲座，邀请各领域的专业人士为学生及家长进行职业分享，让他们了解行业需要，装备自己。最后通过比赛，胜出的学生更有机会得到宝贵的实习机会，开阔眼界。

夫妇二人以经验分享，引导孩子进行生涯规划宜愈早愈好。父母可以考虑从中学一年级开始，发掘孩子的长处，重点培养及提供相关信息。另外，更重要的是换位思考，孩子的学业压力已非常沉重，父母有责任理解难处，寻找另外的方法启发他们。例如，主动研究大众的职业导向，而非一味只向孩子施压，要求他们出人头地。夫妇二人坦言无法预见将来，孩子的人生，父母也不能百分之百完美计划。他们感言，作为父母能给予孩子最好的礼物是内在美，当中包括对科技的认识、完整的世界观及培养民族意识。希望无论孩子将来从事什么行业，都能感到热忱及快乐，一直保持"助人为快乐之本""克己奉公""取诸社会，用诸社会"的初心，为世界带来持续而正面的影响。

希望无论孩子将来从事什么行业，都能感到热忱及快乐，一直保持良好品德，为世界带来持续而正面的影响。

# 亲子沟通技巧

## ≋参与社会关怀活动≋

让孩子有机会走出温室，早点感受世界上各行的不易之处，以及思考解决问题的不同方法，不要只追求名利地位，多一份关心、多一份体谅更重要。

## ≋引导孩子学习取舍≋

遇到孩子有所要求，不能立即满足，应引导孩子思考其需要程度及承担能力，从中学习取舍，而非习惯唾手可得。

## ≋与孩子分享兴趣≋

父母也可以与孩子分享自己的兴趣，一同发掘兴趣之余，也能让孩子认识到原来父母也有理想与梦想，自己也可以勇敢追寻。

10

多元教育
挣脱名校效应

青年事务界 | 楼家强　王惠玲　夫妇
育有两个孩子

只有了解自己孩子的特性，

才能给予"更好"的教育。

第二十八届香港青年联会主席楼家强与太太王惠玲育有一子一女，分别是17岁的女儿Pearl以及12岁的儿子Bryan。现代社会变化如此迅速，孩子所面对的挑战不少，楼家强与王惠玲是谨慎型家长，在孩子的每个成长阶段都会做大量"功课"，和大部分父母一样，对关系到孩子成长的决策绝不草率。王惠玲是一位全职家庭主妇，主要负责打理家庭事务及照顾孩子的学业与生活。这个家庭维持"男主外、女主内"的模式，结合夫妇两人曾在不同地方上学以及青少年教育的经验，与大家分享亲子相处的心得。

## 夫妻同上预备课程

无论是否新手爸妈，在孩子成长的每一个阶段，家长都会面对一箩筐的问题。楼家强表示，尤其是面对第一胎时，家长必须花时间做"功课"，做好预备工夫。新手爸妈刚开始时必定是一张白纸，但如果调整心态，定能慢慢累积育儿学问，不必过分忧心。他们笑言，在十八年前迎接女儿出生时，连如何冲奶粉也不会。新手爸妈不妨一起参加不同的预备课程。当时太太在分娩课程中，练习到分娩时如何呼吸等有用技巧，丈夫及太太共同做好了心理准备，还能与其他准父母交流经验，互相扶持。夫妇两人感慨，现在孩子已然踏入青少年之龄，当父母的确是人生的一大考验，过程虽不简单，但非常值得。

> 每个孩子都有其独特性，尽量理解孩子们的需求，聆听他们的声音，不能"一本天书读到老"。

王惠玲分享，生了两个孩子后她才明显感到养育女儿和儿子的方式是完全不同的。即使在同一屋檐下长大，两个孩子的性格完全相反。小时候女儿比较容易照顾，只要给她玩具和食物，就可以安静一整天。相反，儿子较好动，容易哭闹，上幼儿园又需要安排上下午读不同的学校，这一阶段需要花费更多力气。不过，两姐弟都长成了自己独特的性格和模样，无论性格阳光或内敛，夫妇二人最希望的，是他们能够做一个对自己、对社会负责任的人。

## 摆脱"名校效应"

在孩子非常幼小的阶段，一家人经历了一段漫长而焦虑的选校过程。他们非常理解家长选校时难以抉择的心情。即使是报读幼儿园，也要考虑学习环境、师资以及未来如何衔接心仪的中小学等。更甚，如果父母有意让孩子尝试不同的教学方式，更会徘徊于选择传统学校与国际学校之间，苦苦思量怎样才是"最好"的教育。楼家强提醒，其实"最好"的定义十分广泛，同一个选择未必能适用于所有家庭。

为孩子选校，何谓合适？学位竞争激烈，不少家长容易堕入"名校效应"思维，认为只要考入名校，人生就会一帆风顺，稳稳地握着成功的入场券。女儿在幼儿园阶段时，他们也有过分执着名校以致迷失的时候。当年女儿入读九龙塘一间知名学校甲，但两人心仪的却是另外一间学校乙。因为执着，他们以叩门面试的方式继续尝试，终于以诚意打动学校乙，为女儿争得一个难得的学位。转校后才发现，即使两间均是名校，师资也十分优秀，但学校乙的孩子之间存在很大竞争，细思过后，才发现这环境不适合自己的女儿。

如非夫妻二人亲身观课，也未必会了解名校背后其实也有不同的资源、教育方针等。通过亲身观察，两人才反思当初选校的策略过于粗疏，并未真正了解学校的情况。他们提醒家长，要避免因为品牌或口碑就对名校先入为主，过分迷信，父母需要充分研究所申请的学校，应接触多元信息，也应与不同的家长交流，不要人云亦云，理性分析长短处，谨慎决策，跳出"名校效应"框架，不要为"最好"设限。只有了解自己孩子的特性，才能让他们接受"更好"的教育。然而，当认清方向后，计划便是非常重要的一环。

DREAM

## 传统学校与国际学校的抉择

选校时，如果父母的经济能力许可，可考虑让孩子接受不同的教育模式，如读国际学校。香港国际学校主张"自主学习、愉快教学"方针，从学生出发，注重"学"而非"习"，训练孩子主动探索知识，灵活运用。面对香港传统学校与国际学校的选校挣扎，身为过来人，王惠玲笑言，有家长认为传统学校是"地狱"，国际学校则是"天堂"。如果要孩子从"天堂"跌到"地狱"，那可能是很痛苦的事；反之，让孩子从"地狱"来到"天堂"，或者较易适应。

楼家强让孩子接受过传统学校的训练，再转读国际学校，才发现后者较适合孩子，但一切也是"试过"才知道，才能累积经验。传统学校相对注重如中文、英语、数学等学科训练，也教导孩子很多品德上的知识。如果入读传统学校，家长要想清楚，可能要花大量时间陪伴孩子学习，不能只将孩子交给补习老师。此外，传统学校对于学生学业成绩的划线比较明显一些，例如孩子取得八十分、九十分，就会被划入一个等级，很少会因为进步了几分而受到老师鼓励。相反，国际学校的学生可能这次取得五十分，下次取得五十五分，老师就会表扬孩子的进步。这种"鼓励型"的国际学校教学模式，注重孩子的全面发展。如果孩子一开始已接触国际学校的教学模式，可能会很难回到传统学制的轨道。因此，楼家强建议家长，不妨让孩子先尝试入读传统学校，看看他们是否能够接受，再考虑是否要入读国际学校。然而，家长也无须过分担心孩子会缺乏中文的训练基础，国际学校也会教学生学习普通话，学写简体字。

## 在异地培养自理能力

身兼多项公职和公司运营的楼家强，平日工作尤其忙碌。不过他和太太都不敢轻视陪伴孩子成长的责任，夫妇两人均认为，家庭教育对孩子的成长十分重要。女儿与儿子在小学毕业后，都去了英国上学，不过距离不会疏远了亲子关系。虽然孩子自小离开父母，去新的地方生活，但王惠玲每年会飞往英国三次照顾孩子的生活。英国寄宿学校的学制是半年制，在孩子放假的十多天里，王惠玲会和孩子在英国一起做饭、洗衣服，大人小孩分工合作，从细小生活习惯中培养自理能力。而每当长假期孩子回到香港时，爸爸则抽时间陪伴孩子，煮早餐、一起洗碗筷，与爸爸相聚和玩耍，从中建立深厚的亲子关系及感情。

## 让孩子参与升学决定

楼家强表示，到外国留学的决定，应该是父母与孩子共同商量的结果，不能由父母说了算，要以孩子的意愿为先，与他们一起分析优劣势，毕竟年纪尚小的孩子要到一个陌生的国度独立生活，可以想象当中的不安及恐惧，除了学校选择，父母必须与孩子共同做好充足的心理准备，切勿让孩子觉得自己被家人丢弃，又或者感到孤立无援。

他们表示，当年女儿先到外国留学，儿子每次听到姐姐分享不同的新鲜事物，如最新的App、歌曲、照片，会引发他对世界的好奇。因此，在儿子七八岁的时候，便主动提出要去英国看学校，加上本身性格主动、乐观，更加确定了他也走上外国留学之路。

夫妇指出，即使是带孩子到外国选择学校，也不应将责任交托给升学顾问公司或机构。身为家长，要让孩子到外地上学，预备工夫一定要做得细致，必须根据孩子的特质去寻找合适的学校。每间学校的亮点都不同，选校心得也只有唯一及最重要的一个：选择适合孩子发展的学校。

## 外国学校的招生形式

以当时9岁的儿子为例，夫妇二人与他一起参观过五至六间英国的寄宿小学，他们分享，外国学校对于面试、招生都采用同一种方式。校长及校长夫人会先与家长会面，了解对其孩子的想法及期望，再找两组在校学生，分别负责接待家长及孩子。高年级学生会带领家长参观校园，由在校学生解答家长的问题，父母也可随时与当地学生交流，了解最真实的校园文化；另一组与孩子年纪相仿的学生，则会陪伴孩子一起上课、体验校园生活，如有需要，有些学校甚至会让孩子体验一至两晚的住宿生活。

孩子与父母共同参与选校过程，父母也在旁参观、陪伴与见证。楼家强分享，孩子强弱项不同，喜欢的东西各有不同，最重要的是父母与孩子共同参与、共同决策，让孩子感到自己也参与了整个过程，增强他们对学校的喜爱程度。儿子最终选择入读英国的全寄宿学校，这种类型的学校主要让孩子全身心投入校园生活，星期一至星期日的生活都由学校安排，不会有本地同学周末回家，减少孩子的思乡之情。平日孩子主要是上课，周末老师则会安排到图书馆、博物馆参观，或参与体育比赛，而放假是真正的休息时间，完全不需要做任何功课或者练习。两个孩子时常与父母分享多姿多彩的校园生活，两人感恩孩子能好好享受外国的校园生活之余，也能努力学习。

## 父母发挥教育创意

即使两个孩子在外国留学，现时已到青少年阶段，夫妇两人仍十分注重与孩子沟通、相处的过程。在生活上，一般家长都面临相同的问题：孩子手机不离手，该如何处理？楼家强认为，父母必须要让孩子明白生活犹如饮食，达至均衡才能拥有健康生活。手机可以使用，却需要帮助孩子建立生活纪律，例如，周一至周五先尽学生的责任，周末才有放松时段，可以接触电子游戏。他们建议，放松也不仅限于使用电子产品，家长可鼓励孩子多参与不同的活动，如游泳、钓鱼、看电影等，培养孩子具有外向的性格、好奇心及探究的兴趣，避免他们只沉迷于冷冰冰的电子世界，与外界断绝联系。

夫妇二人在日常生活中，倾向与孩子解释自己的想法，通过沟通让孩子明白，生活要做到"均衡饮食"，才是一个负责任的孩子。尽管协调的过程是艰巨的，但现今回头一看，楼家强发现自己和孩子已在日积月累下建

鼓励孩子多参
与不同活动,
可培养孩子具
有外向的性
格、好奇心及
探究的兴趣。

立起一份稳固的信任，无论父母建议什么，只要解释得清清楚楚，孩子就会努力理解。父母如果能引导孩子培养责任感，提醒他们的生活焦点应该专注在什么领域，那么孩子的品德、心智和人生态度大概就不会偏离轨道了。

楼家强在工作上不时接触年轻人，他仔细观察到，可能因为多数家长比较集中在学科方面的培育，因而较易培养出高分、高成就的孩子，但却忽略了心智和品格的培育。他曾经在举办大学生、高中生的活动时，遇到家长咨询是否能陪同孩子参与活动。楼家强强调，如果在成长过程里过分溺爱孩子，可能会导致孩子将来缺乏自理能力和应有的求生技能。也因如此，夫妇二人有意培养孩子对于自己生活大小事情的掌握。只要父母发挥创意，生活随时随地都可以是学习场所。他不时会带孩子去逛遍超市的每个区域，从而认识食物、生活用品等知识，培养生活认知能力；通过定价、保质期等产品细节，学习基本的经济、货品、市场等知识。

## 建立信任基础

为孩子规划良好的成长路线，父母必须从幼儿教育入手。从幼儿园、小学、中学到大学，父母作为陪伴者的角色，同时也在进行言传身教。楼家强分享了三个建议。

> 一是家长必须要身体力行；二是让孩子参与自己人生的决策过程；三是要打好亲子之间的稳固沟通基础，让孩子愿意相信父母说的话。

在生活经验中，楼家强也见证过朋友孩子的反叛行为，也令他禁不住反思自己与孩子的相处。后来他明白，唯一的关键点就是信任基础的建立。夫妇二人了解孩子的大小事情，没有太严肃地灌输自己的思想，反而鼓励孩子多表达想法、多分享、多关怀身边的人。

楼家强在推广青年发展的工作经验中深刻认识到，孩子今天所学习的科目，将来也未必能与职业完全匹配。因科技发展日新月异，将来许多行业都有可能被人工智能取代，所以他注重培养孩子学习思考的能力。他寄语年轻人，如果能够把握每个机遇，紧贴各行各业的发展潮流趋势，把握临近大湾区的发展机遇，无论是创业、就业，只要努力向上，顺流而行，就会拥有非常光明的将来！

# 亲子沟通技巧

### ⇒先试读传统学校⇐

如果孩子一开始已接触国际学校的教学模式，可能会很难回到传统学制的轨道。不妨先尝试入读传统学校，看看孩子是否能够接受，再考虑是否要入读国际学校。

### ⇒放松不限于使用电子产品⇐

家长可鼓励孩子多参与不同的活动，如游泳、钓鱼、看电影等，培养孩子具有外向的性格、好奇心及探究的兴趣，避免孩子只沉迷于冷冰冰的电子世界。

### ⇒逛超市学知识⇐

家长可与孩子在超市里培养生活认知能力，如食品原材料、制造成分等，通过定价、保质期等产品细节，学习基本的经济、货品、市场等知识。